La crise du milieu de vie

Un tournant, une seconde chance

Groupe Eyrolles
61, bd Saint-Germain
75240 Paris Cedex 05

www.editions-eyrolles.com

Cet ouvrage a fait l'objet d'un reconditionnement à l'occasion
du sixième tirage (nouvelle couverture).
Le texte reste inchangé par rapport au tirage précédent.

Avec la collaboration de Cécile Potel

ISBN : 978-2-212-56312-2

Lisbeth von Benedek

La crise du milieu de vie

Un tournant, une seconde chance

Sixième tirage 2015

EYROLLES

Remerciements

Je suis trilingue et le français n'est pas ma langue maternelle. Pour mettre ce livre en forme, il me fallait donc trouver une personne ouverte à l'approche analytique, capable d'être fidèle à ma pensée et à mon écrit, et de rendre un texte complexe en un langage clair et élégant, compréhensible pour un large public. Sylvie Lisiecki avait toutes ces qualités. J'ai admiré, de plus, sa capacité d'effacement personnel et d'engagement profond. Nos rencontres ont toujours été joyeuses et stimulantes. Je remercie Sylvie du fond du cœur.

Ma gratitude va également à Marguerite Wysocka pour son assistance attentive.

Un grand merci à Cécile Potel qui a relu et retravaillé le manuscrit avec professionnalisme, acuité et bienveillance. J'ai beaucoup apprécié sa gentillesse et sa délicatesse.

Je tiens à remercier tous ceux qui m'ont transmis l'art de la psychanalyse, sa technique et son sens profond. Je remercie tout particulièrement Simone Clausse, Aimé Agnel, Viviane Thibaudier, ainsi que Geneviève Guy-Gillet qui m'a offert la quintessence de son expérience analytique.

Je ressens une très grande reconnaissance envers les analysants qui m'ont permis de cheminer loin à leur côté ; je suis, quotidiennement, touchée de leur confiance.

Je n'oublie pas les personnes et les lieux qui m'ont fait du bien et qui m'ont permis de me ressourcer.

Last not least, mes remerciements vont à celui qui chemine à mes côtés, pour sa présence infaillible et attentionnée. Nos discussions vivantes, ses questions pertinentes quant à la pensée jungienne et ses applications, et sa patience généreuse tout au long de l'élaboration de ce livre m'ont été d'un soutien fondamental.

Avant-propos

Cet ouvrage est l'aboutissement d'une double aventure : celle, personnelle, d'une femme qui a franchi le milieu de sa vie et celle, professionnelle, d'une psychanalyste de formation freudienne et jungienne. Née à Vienne, formée par les universités américaine et française, je suis imprégnée de ces trois cultures. Passer d'un environnement à un autre, d'une culture à une autre m'a certes enrichie mais, à chaque fois, arrachée du familier pour aller vers un « étranger » inconnu. Je me rends compte aujourd'hui que ces ruptures m'ont peut-être préparé aux mutations qui nous affectent lors de la crise du milieu de vie. À plusieurs reprises, j'ai dû reconstruire mes repères, apprendre une autre langue, m'adapter à de nouvelles façons de vivre. Cela m'a permis de me rendre compte qu'un renouveau, une renaissance sont toujours possibles.

Pourquoi avoir choisi le passage du milieu de la vie comme thème de réflexion, alors que le sujet de ce livre a déjà suscité beaucoup d'intérêt et de nombreux ouvrages, notamment aux États-Unis[1] ? Parce que l'originalité de mon approche consiste à éclairer ce

1. Notamment celui de Murray Stein qui a écrit un très beau livre à ce sujet.

moment du milieu de la vie à travers la vision de C.G. Jung qui a été le premier psychanalyste à s'intéresser particulièrement à cette phase de notre existence.

La période du milieu de vie me paraît riche d'enseignements : elle nous conduit à passer en revue les étapes déjà franchies et nous confronte à l'angoisse d'un avenir incertain et sans repères. Elle nous invite aussi à explorer notre potentiel psychique si complexe. J'ai été éprouvée par la gravité de cette période charnière, mais j'ai aussi fait l'expérience de sa richesse potentielle, ce qui m'a donné envie de la partager.

Mettre en lumière et démystifier cette difficile période de transition me semble important ; j'avais donc envie d'encourager ceux qui la traversent à se confronter à des aspects d'eux-mêmes, méconnus jusque-là. Certes, il y en a quelques-uns que nous aurions préféré ne pas connaître. D'autres, en revanche, peuvent révéler des richesses inattendues.

Plus de vingt ans d'enseignement, au sein d'un diplôme interuniversitaire, m'ont appris la joie de transmettre un savoir théorique et clinique ; cette expérience m'a également donné envie d'écrire ce livre. Mes lectures, ma connaissance et mon expérience de la vision jungienne de la psyché ont nourri l'écriture de cet ouvrage. De plus, il est important pour moi de partager la conviction que l'être humain évolue tout au long de sa vie d'adulte, à l'occasion des épreuves qu'il rencontre[1].

1. Jung témoigne de cette vision notamment dans *Problèmes de l'âme moderne*, Buchet/Chastel, 1996, dans le chapitre « Solstice », p. 221-245.

En tant qu'analyste, j'ai eu le privilège d'accompagner, depuis de nombreuses années, des hommes et des femmes qui ont eu le courage de se remettre en question lors du passage du milieu de vie. Ce livre est inspiré par ces échanges avec les analysants. Qu'ils soient ici profondément remerciés de leur confiance[1].

Qu'est-ce que l'analyse jungienne[2] ? Il s'agit d'une thérapie de la psyché qui consiste « à laisser advenir, à considérer et à se confronter[3] », dans un cadre bien établi, aux effets insoupçonnés et considérables de l'inconscient sur notre vie et nos relations avec les autres. Le travail analytique consiste à se libérer de la possession par l'inconscient – personnel et collectif – et à se défaire de la fusion avec l'autre, à commencer par la mère. De ce fait, des répétitions douloureuses, des tensions et des conflits de notre passé vont émerger à la conscience. Cette analyse est une épreuve pour le patient ; elle demande un dialogue et une alliance de travail intime au sein d'une relation particulière entre l'analyste et l'analysant. Tous les deux se trouvent impliqués et transformés par cette confrontation avec l'inconscient. Une « métamorphose » s'ensuit, à l'instar d'une transformation chimique dans laquelle deux éléments séparés se combinent, induisant un changement chez les deux. Cette expérience profonde permet, bien souvent, d'accéder

1. Les cas présentés dans l'ouvrage sont élaborés à partir de situations rencontrées dans le cadre thérapeutique ; pour protéger l'anonymat des analysants, leurs noms, le contexte et les circonstances précises de leur vie sont évidemment modifiés.
2. Les définitions proposées ici permettront aux lecteurs de connaître le cadre au sein duquel les réflexions de ce livre ont pu émerger.
3. Humbert E., *Jung*, Éditions Universitaires, 1983, p. 14-17.

à l'énergie nécessaire pour convertir son regard sur les souffrances du passé et pour intégrer les facettes inconscientes projetées jusque-là : un sens s'en dégage, une réconciliation peut s'ensuivre, ce qui permet à l'analysant de devenir le libre arbitre de sa vie.

L'analyste, de préférence psychologue ou médecin, est apte, après de longues années de formation et de remise en question de son rapport avec ses propres processus inconscients, à assumer vis-à-vis de l'analysant la fonction de miroir, de partenaire et de médiateur entre le monde conscient et inconscient. Dans le processus analytique, ce n'est pas seulement l'analysant qui se trouve confronté à son inconscient, mais également l'analyste. Avec un regard bienveillant et une « coudée d'avance » dans ce domaine, il soutient l'analysant dans l'instauration d'un dialogue vivant entre conscient et inconscient.

L'analysant, un terme proposé par Lacan – psychanalyste bien connu – désigne une personne qui s'engage activement, dans un travail d'équipe avec l'analyste, dans le processus d'explication et de découverte des messages de l'inconscient, pour en faire sens dans sa vie.

Lisbeth von Benedek

Table des matières

Introduction

« Il progresse, il s'enfonce dans l'attention d'Œdipe… comme dans une grotte ou une forêt profonde, au fond de laquelle on devine la lumière incertaine de l'air libre. »

Henry Bauchau

Le midi de la vie est très souvent vécu comme un moment de crise, car nous nous trouvons dans une période de transition et d'instabilité. De plus, la crise personnelle du milieu de vie coïncide aujourd'hui avec une crise collective, économique et écologique qui majore les problématiques personnelles et nous fragilise. Nos contours intérieurs et extérieurs deviennent flous… Il apparaît alors indispensable de pouvoir s'appuyer sur un axe intérieur suffisamment stable.

Arrivés au terme de la première partie de notre vie, un bilan s'impose : quelque chose nous pousse à ouvrir les yeux, à examiner ce que nous en avons fait. Nous entrons alors dans une phase durant laquelle l'équilibre plus ou moins précaire sur lequel nous nous sommes construits est remis en question. Les premiers signes corporels de vieillissement surviennent… mais parallèlement nous vivons un processus de maturation et de mutation.

Le soleil a tourné ; il éclaire l'autre versant de la montagne que nous voyons alors différemment. Nous discernons des éléments qui étaient jusque-là restés dans l'ombre et qui se trouvent brusquement mis en lumière. Nous voilà « obligés » d'avancer vers une période d'interrogations et de remises en question, sans savoir où cela pourra nous mener. L'identité sur laquelle nous nous sommes adossés jusqu'alors est fragilisée et vacille sur son axe. Nous ne pouvons plus nier que nous sommes en route vers une autre étape de notre vie qui nous incite à prendre de la distance avec le monde extérieur, le social, le professionnel et le paraître.

À l'instar de chaque homme, Jung a été éprouvé par les conséquences déstabilisantes du milieu de vie : à cette époque, sa confrontation intense aux forces de l'inconscient a bouleversé ses valeurs et son identité profonde. C'est à travers l'expérience et la perception de sa propre psyché[1], enrichie par ses études de la mythologie empreinte de visions symboliques issues d'Extrême-Orient ou de l'alchimie, que nous explorerons cette période de notre vie, à la fois soumise aux turbulences et riche en potentialités.

1. Son apport épistémologique s'enracine dans une recherche d'une grande intégrité intellectuelle, qui s'appuie sur son expérience clinique et sur une introspection personnelle rigoureuse dont son *Livre Rouge*, un journal intime publié en octobre 2009, donne un témoignage poignant. Une remarque à ce propos : Jung a travaillé sur ce journal intime, notant et illustrant minutieusement ses fantasmes, ses rêves et ses visions pendant une quinzaine d'années, entre 1914 et 1930. Marqué par la séparation douloureuse d'avec Freud et par la traversée du milieu de sa propre vie, il nous a livré, dans ce livre précieux, sa confrontation aux manifestations parfois terrifiantes de l'inconscient.

Malgré notre fatigue et nos appréhensions face à l'avenir, nous sommes pourtant bien en vie. Si nous acceptons de nous confronter à notre univers inconscient, nous aurons l'occasion de devenir plus entiers et donc plus vivants. Nous nous lançons alors dans une quête intérieure, cheminant vers notre être profond.

Quels processus psychiques à l'œuvre nous affectent lors de cette cruciale transition ? Comment transformer à terme, ce douloureux passage en une mutation féconde ? Penchons-nous à présent sur cette période complexe qu'est le milieu de notre vie ; de nombreux exemples d'hommes et de femmes ainsi qu'un questionnaire précis[1] nous y aideront.

1. À la fin de chaque chapitre, un court questionnaire en lien avec les thèmes abordés, peut guider le lecteur dans sa réflexion.

Chapitre

1

Qu'avons-nous fait de notre vie ?

« Nous sommes toujours dans le commencement des choses, dans l'instant fragile qui contient la puissance de la vie. Nous sommes toujours au matin du monde. »

François Cheng

Notre vie est marquée par deux grandes étapes dont la durée varie en fonction de l'espérance de vie de chacun, de notre évolution et de notre maturation personnelles. Statistiquement, au XXIe siècle, la première étape se déroule de la naissance jusqu'à environ trente-cinq, cinquante ans ; nous entrons ensuite dans la seconde partie de notre vie. Autrefois, cette phase se situait évidemment bien plus tôt. Ainsi Mozart, qui a vécu à une époque où l'espérance de vie ne dépassait pas 40 ans, a fait preuve d'une créativité fulgurante autour de ses dix-huit ans et a écrit, à cet âge, ses œuvres de maturité.

Aujourd'hui notre espérance de vie s'est considérablement allongée, même si chacun de nous se développe à son rythme et accède à la maturité à son heure. Pour les uns, le tournant avec ses remises en questions est atteint plus tôt ; pour d'autres la maturité, toujours liée à un bouleversement intérieur, arrivera plus tard.

La trajectoire du soleil...

Jung utilise la trajectoire quotidienne du soleil comme métaphore pour représenter le cycle de la vie humaine[1]. Au matin, le soleil se lève, émergeant hors de la nuit de l'inconscient et éclaire le monde dans son immensité. Il s'élève jusqu'au zénith, puis commence à décliner. C'est comme si « le soleil rentrait ses rayons pour s'éclairer lui-même » ; ainsi la lumière et la chaleur diminuent jusqu'à l'extinction définitive. Comme le soleil, l'homme est soumis à ce cycle de transformations - à l'instar des quatre saisons - psychiquement et physiquement. Le milieu de vie est ce passage qui accompagne l'entrée dans une autre étape du cycle de la vie : peu à peu s'impose la nécessité de regarder en face le chemin sur lequel nous nous sommes engagés, ce que nous avons accompli et ce qui nous reste à accomplir.

Un bilan inévitable

Pour la plupart d'entre nous, la première partie de la vie est occupée à réaliser nos ambitions socioprofessionnelles, à construire nos relations avec les autres, à assumer nos responsabilités face à nos enfants et à notre famille. Nous nous sommes beaucoup investis pour faire des études, rechercher un travail et un partenaire, fonder une famille… bref nous avons fait beaucoup d'efforts pour nous adapter au monde extérieur et y trouver notre place.

1. Jung C.G., *op. cit.*, p. 234.

Certains d'entre nous ont vécu une jeunesse insouciante, ou bien ont été, au contraire, ensevelis sous les soucis et ont dû accomplir un travail acharné pour arriver à concrétiser leurs aspirations sociales et professionnelles. Nous avons vécu des amours, des désamours ; nous étions pleinement occupés à devenir « quelqu'un ».

À l'occasion d'un anniversaire, un accident, un deuil, un échec sentimental ou professionnel qui nous éprouve, nous prenons cependant conscience du caractère limité de notre existence. Tout à coup, rien n'est plus comme avant. Nous voici contraints de nous arrêter sur « l'autoroute de notre vie », et de nous demander pourquoi nous allons dans telle direction plutôt que dans telle autre. Voilà qu'une question s'impose à laquelle nous ne pouvons plus échapper : « qu'avons-nous fait de notre vie ? »

Une question de vie ou de mort

Pierre, économiste, vient me consulter. Il a quarante-huit ans. Il est blême, le visage décomposé. À la deuxième séance, une phrase fait irruption : « c'est une question de vie ou de mort ». Cet homme a réussi sa vie professionnelle ainsi que sa vie affective, même s'il a négligé sa famille et ses enfants. À l'occasion d'une intervention chirurgicale, terrorisé par l'éventualité réelle de sa mort, il s'interroge sur le sens de sa vie. Il a eu une enfance difficile qu'il a bien compensée, mais il n'arrive plus à contenir son angoisse profonde, qu'il a soigneusement niée depuis toujours et par laquelle il se sent, à présent, « poursuivi ». Lorsqu'on lui demandait comment il allait, il avait, jusque-là, l'habitude de répondre : « moi, je vais toujours bien ». Une interrogation surgit alors : qu'est-ce que cette intervention chirurgicale venait lui signifier et pourquoi cet événement le précipitait-il dans un tel déséquilibre ?

La course à la réussite sociale et professionnelle, focalisant toute l'énergie sur la construction de la personnalité sociale, se fait bien souvent au détriment de la personne globale que nous pourrions devenir. C'est donc à l'occasion d'une rupture dans notre trajectoire que nous prenons douloureusement conscience que nous débutons une autre étape de notre vie.

Pour Pierre, la rencontre avec sa vulnérabilité physique et psychique lui a permis de découvrir en lui des désirs autres que ceux qui avaient gouverné sa vie jusqu'alors. À partir de son intervention chirurgicale, l'incohérence entre sa vie et ses besoins réels lui est devenue insupportable. Il a pu ainsi laisser émerger en lui des aspirations qui n'avaient pu voir le jour et dire « oui » à son envie de vivre, en prenant le risque d'être jugé par son entourage. Ce désir était bien enfoui sous l'édifice lourd et encombrant de la vie qu'il s'était construite ; jusque-là il avait utilisé toutes ses forces pour correspondre à l'image qui lui semblait désirable.

Où avons-nous investi notre énergie ?

Chacun investit son énergie préférentiellement dans une dimension particulière de sa vie, professionnelle, politique, sociale ou artistique, ce qui participe à la construction de son identité socioprofessionnelle[1]. Qu'est-ce qui nous pousse vers un domaine plutôt qu'un autre ? En dehors des talents et des aptitudes évidentes qui se révèlent naturellement au cours de notre développement, nous

1. Cette identité définit une personne à travers la place qu'elle occupe dans la société par son métier, ainsi que par ses interactions familiales et socioprofessionnelles.

sommes également influencés par les circonstances, les rencontres, les modèles. De plus, nous allons évidemment vers ce qui nous gratifie, nous valorise et comble notre besoin de reconnaissance. Ces choix reflètent ce que nous avons vécu enfant, et la fonction que nos parents nous ont attribuée au sein du groupe familial. C'est aussi cela qui détermine, en partie, la place que nous avons pu imaginer pour nous, au sein de la société.

Lorsque l'investissement dans notre identité sociale, familiale ou professionnelle est excessif, il absorbe notre énergie vitale et nous nous coupons de nos besoins plus personnels. La réussite socioprofessionnelle se fait alors au détriment de l'équilibre global de la personne, ce qui peut entraîner un déséquilibre important avec des risques pour la santé physique ou mentale. C'est le prix que nous payons pour satisfaire notre besoin de reconnaissance sociale.

Tout pour être heureuse et pourtant...

Patricia, trente-quatre ans, a brillamment réussi tout ce qu'elle a entrepris dans sa vie : études, mariages, divorces, enfants, travail, ascension professionnelle, reconnaissance nationale, puis internationale de sa valeur au sein de son entreprise. Belle, « branchée », très attentive à son physique, elle entretient son corps « comme une machine bien huilée ». De plus, elle s'entend bien avec son mari. Bref, sa vie professionnelle et privée ressemble à une réussite irréprochable.

Pourquoi Patricia souhaite-t-elle alors commencer un travail analytique ? Un matin au réveil, elle a le sentiment de ne plus supporter sa vie ; tout lui pèse, elle se sent vide d'énergie, incapable de continuer à faire semblant. Elle ne se reconnaît plus. En fait, elle a passé sa vie à construire un personnage qui l'a profondément aliéné. Toute son énergie, son intelligence et ses forces ont été investies dans ce qui lui semblait une image enviable de réussite sociale et professionnelle. À présent, elle est arrivée à la position qu'elle a toujours souhaitée, et pourtant elle ne sait plus que faire de sa vie. Elle sait ce qu'elle ne peut ni ne veut plus, mais elle n'arrive pas à être reliée à ses réels désirs. Elle a l'impression d'être une étrangère pour elle-même, d'être devant un vide béant qui l'effraie et qui en même temps la laisse indifférente. Patricia se trouve, soit au seuil d'un précipice, soit au début d'une transformation importante.

De toute évidence, Patricia a surinvesti son identité sociale et professionnelle au détriment du développement de son être ; comme pour beaucoup d'entre nous une grande partie de son énergie était engagée dans des activités multiples sans qu'elle s'interroge sur le sens de ses choix. Pour certains, il s'agira de décrocher tel diplôme, pour d'autres d'avoir des enfants, pour d'autres encore de posséder une maison de campagne ou le dernier gadget technologique. Parfois, nous dépensons nos forces pour donner le change, et nous intégrer d'une manière valorisante au sein de notre groupe social. Mais ces désirs et ces réalisations correspondent-ils à ce que nous souhaitons profondément et nous comblent-ils ?

Pourquoi et pour qui avons-nous fait tout cela ?

Nos choix de vies se font-ils en fonction d'enchaînements de hasards et de coïncidences diverses, de motivations plus ou moins conscientes, ou d'une combinaison des deux ? Sans doute les deux se combinent-ils : hasards, rencontres, opportunités jouent un rôle et participent à nos choix conscients et inconscients.

Lorsque nous nous impliquons intensément dans une carrière ou cherchons une reconnaissance sociale à tout prix, c'est parfois pour combler l'ambition de nos parents à notre égard, pour qu'ils puissent être fiers de leur fils/fille, mais aussi pour faire aussi bien que le frère, la sœur, pour faire « mieux » que notre père, notre mère… Parfois aussi nous sommes influencés par des modèles qui nous inspirent : des écrivains, des personnages de roman ou des personnalités de l'art, du cinéma, du sport, de la politique…

Certains arrivent à ce milieu de vie sans y être préparés, encore habités par leurs anciens idéaux et par leurs idées préconçues. Puis, en vieillissant, ils sont conduits à prendre de la distance avec leurs besoins d'affirmation et de pouvoir sur les autres. Autant il est naturel, au cours de notre jeunesse, d'être tourné vers l'extérieur pour y faire notre place, autant ce milieu de vie est l'occasion de s'orienter vers notre monde interne.

Il y a un avant et un après, comme lors de la naissance d'un enfant. Nous sommes amenés à nous remettre en question, à affronter une crise d'identité qui révèle des contradictions et des conflits intérieurs, qui provoquent l'émergence de nos vulnérabilités. Cette période faite de perturbations, de ruptures diverses, de tensions est marquée par un certain désarroi, des regrets et parfois même par un total ébranlement.

Revenons au cas de Pierre (voir page 7). Sa crise de milieu de vie s'est avérée bénéfique en l'obligeant à dresser d'urgence un bilan ; il a ainsi pris conscience qu'il n'avait jamais été valorisé par ses parents et que la pauvreté dans laquelle il avait baigné enfant l'avait poussé à travailler intensément. Cela lui avait permis, au prix de beaucoup de sacrifices, de devenir un économiste de renom. Ses responsabilités lourdes et multiples l'ont de ce fait empêché d'aller vers ses véritables aspirations qui étaient tournées vers des activités simples : créer et entretenir un jardin, lire... sans parler de son désir, présent depuis toujours, de jouer du saxophone.

Qu'avons-nous accompli ?

Faire le bilan de sa vie, c'est bien sûr considérer ce qui reste à faire, mais c'est aussi reconnaître ce que nous avons accompli. Nous avons beaucoup travaillé dans notre vie, nous avons fait des études, suivi des formations, gravi les marches de notre parcours professionnel, nous avons choisi notre partenaire, fondé une famille, élevé nos enfants, réussi à nous loger dans un lieu qui nous convient, parfois nous avons même dépassé les rêves ambitieux que nous avions pu avoir en tant qu'adolescents. En fait, nous pouvons être satisfaits de ce que nous avons accompli. La question est pourtant la suivante : est-ce que le choix professionnel, le choix de nos diverses activités, le choix de notre mode de vie, le choix de notre partenaire est cohérent avec ce que nous sommes actuellement ? Sommes-nous aujourd'hui, le plus souvent, tranquilles et sereins ?

Dans l'ombre du père

Alain, lui aussi, ressent un besoin impérieux de faire le bilan de sa vie. Cadre supérieur de trente-huit ans, il me consulte parce qu'il ressent un profond malaise existentiel. Il me raconte qu'un jour il s'est réveillé épuisé, à bout. Il s'est demandé comment faire face à la journée qui commençait, comment honorer tous les rendez-vous, comment garder la face, comment dicter des lettres à sa secrétaire. Il ne comprend pas ce qui se passe. Lui qui a toujours eu de l'énergie « à revendre » se traîne péniblement de son lit à la salle de bains. Il a du mal à avaler son petit déjeuner, arrive en retard à son travail. Tout au long de sa vie, il a cherché à atteindre une image de perfection ; il n'en peut plus. Qu'est-ce qui lui arrive ?

Une de ses connaissances, un camarade de promotion, presque un ami, vient de mourir d'un cancer ; il a été emporté en deux mois. De plus, peu de temps après, Alain est licencié ; son monde s'écroule alors. Tout lui pèse et lui devient insupportable. Venir pour les séances de psychothérapie lui demande un grand effort. Nous commençons le travail. Dans un premier temps, cet homme est souvent silencieux, l'angoisse et la détresse gravées sur son visage. Il semble pourtant soulagé de pouvoir être accueilli dans ce lieu, dans toute sa fragilité. D'emblée, il me parle de son père qui était maçon dans un petit village du centre de la France. Pour gagner le respect de ses voisins, il avait besoin de s'entourer de signes extérieurs de réussite : voitures de luxe, grosses motos, belle maison, cuisine « design » pour sa femme. Aux yeux d'Alain, son père était le symbole de la réussite, fruit de longues années de travail difficile.

Peu à peu, cet homme s'est rendu compte que la figure masculine idéale à laquelle il avait voulu ressembler, celle de son père, était d'une puissance démesurée, surhumaine. Il aurait fait n'importe quoi pour que celui-ci soit fier de lui, pour qu'il le reconnaisse enfin : Alain a œuvré toute sa vie pour atteindre une réussite qui soit à la hauteur de l'exigence imaginaire de son père.

C'est au moment où il s'est trouvé confronté à la mort réelle d'un camarade et à son propre licenciement, qu'il a dû faire face au bilan de sa vie. « Terrassé », il a l'impression que la terre ferme cède sous ses pieds. Après un long travail, Alain entre en contact avec un grand vide à l'intérieur de lui-même, caché jusque-là par ses multiples activités professionnelles. Il a toujours été pressé, toujours dans le besoin de faire trois choses en même temps, toujours à la recherche d'une efficacité imbattable.

Le cas de cet homme permet de comprendre à quel point nous pouvons être amené à compenser un intense sentiment de dévalorisation vécue au cours de notre enfance, au prix de la négation de nos propres besoins profonds. Certains peuvent aller très loin dans l'espoir de compenser ce manque d'estime pour eux-mêmes, jusqu'à dépasser la limite de leurs forces.

Prendre conscience de ce qui a pesé sur nos orientations et nos choix de vie est le premier pas à faire pour voir clair dans ce qui nous manque, nous angoisse, nous déprime ou nous rend « malheureux ». Ainsi, dans le cas d'Alain, le besoin de gagner le respect de son père et de se sentir inscrit dans la lignée des hommes de sa famille, l'avait conduit à un besoin de performance démesuré. Il avait été prêt « à se tuer au travail », pour dépasser son sentiment de n'avoir aucune valeur par rapport aux modèles familiaux.

Ces exemples cliniques illustrent à la fois un moment de rupture et l'occasion d'une prise de conscience, « d'un éveil existentiel » dans la vie de ces personnes. Elles entrent dans un nouveau cycle de maturation et de transformation intérieure. Tout à coup, elles perçoivent un hiatus entre le mode de vie dans lequel elles se trouvent enlisées et leurs besoins profonds. La toile d'araignée qu'elles ont elles-mêmes tissée devient visible. Il y a arrêt sur image, le souffle coupé.

Ce moment est semblable à la métamorphose de la chrysalide. Dans le *Dictionnaire des Symboles*[1], celle-ci est décrite comme une matrice de transformation, riche de promesses mais aussi fragile et

1. (dir.) Chevalier J., *Dictionnaire des Symboles*, Éditions Robert Laffont, 1969, p. 202.

mystérieuse. Lieu transitoire, enveloppe protectrice, la chrysalide permet à la larve de donner naissance au papillon après une période de maturation. La chrysalide inspire respect et soin : un avenir imprévisible prend forme. À ce stade de notre vie, nous sommes nous aussi des chrysalides en puissance.

Dialogue intime

- Quelles étaient les motivations qui vous ont conduit là où vous êtes actuellement ? Donnez-en quelques-unes.

  ....

  ....

  ....

  ....

- Qui était votre « public » extérieur ou intérieur ? Vous désireriez le regard et l'estime de qui ?

  ....

  ....

  ....

  ....

- Qui était votre modèle ? À qui vouliez-vous ressembler ? À qui ne vouliez-vous surtout pas ressembler ?

  ....

  ....

  ....

  ....

- Qu'avez-vous eu besoin de prouver ?

  ....

  ....

  ....

  ....

- Dans quel domaine (amoureux, amical, familial, professionnel) avez-vous réussi ?

....

....

....

....

- Dans quel domaine avez-vous échoué ?

....

....

....

....

- Quelles ont été les principales difficultés, extérieures ou intérieures, qui ont freiné votre réussite ?

....

....

....

....

- Qu'avez-vous accompli et que vous reste-t-il à accomplir ?

....

....

....

....

- Avez-vous l'impression d'avoir choisi votre vie ?

  ....

  ....

  ....

  ....

- Avez-vous l'impression de ne pas avoir vécu votre vie ?

  ....

  ....

  ....

  ....

Chapitre 2

Adieu à « l'adolescence éternelle »

« Je voudrais mourir jeune… le plus tard possible. »

Eugène Ionesco

Le fleuve de la vie coule vite… nous glissons de l'enfance à l'adolescence, puis à l'âge adulte. Et puis un jour, nous nous réveillons avec le sentiment que le passé est déjà loin et l'avenir plein d'incertitudes. Nous avons l'impression que les meilleurs moments de notre vie se sont écoulés. Les rêves de notre adolescence pâlissent. Certains de nos espoirs sont devenus obsolètes ; notre vie semble être derrière nous, et devant nous s'ouvre une tranche d'âge redoutable. Que nous reste-t-il alors à vivre ?

Beaucoup d'entre nous n'ont pas fait le deuil de leurs rêves et de leurs manières d'être d'adolescents. Nous nous trouvons pourtant devant la nécessité de nous en séparer, de quitter ce jeune homme ou cette jeune femme qui ne correspond plus à ce que nous sommes devenus. C'est inéluctable, car nous accomplissons ainsi un parcours inscrit dans notre condition d'être humain qui, de notre naissance à notre mort, nous fait passer par des étapes et des comportements caractéristiques de chacune. Jung a appelé ces inscriptions profondes et collectives « archétypes ».

La trace du pas de l'éléphant

Les « archétypes[1] » – terme aujourd'hui entré dans le langage courant – sont des structures inconscientes communes à tous, qui nous relient à des situations humaines vécues depuis le jaillissement de la vie. Ainsi, dès sa naissance, l'être humain dispose de manière inconsciente d'une structure préalable qui lui donne accès à des comportements spécifiquement humains, prêts à fonctionner dans certaines conditions. Une force obscure structure chacun d'entre nous : cette puissance souterraine est comparable à l'instinct de l'oiseau qui sait spontanément faire son nid. Il existe ainsi, profondément enfouie en nous, une connaissance ancestrale, une prescience de ce que sont la jeunesse, la vieillesse, la naissance et la mort, mais aussi la maternité, la paternité, le fait d'être époux et épouse.

Les archétypes, des images primordiales universelles, se retrouvent en tout lieu et en tout temps ; ils nous plongent dans les racines de l'espèce humaine. Ils sont transcrits par les mythes et les contes et s'expriment également en notre for intérieur par des rêves puissants, nous confrontant à d'éternels problèmes humains[2]. Ils représentent un savoir inscrit en nous en filigrane qui organise nos comportements en réponse aux divers événements de notre vie et aux relations que nous établissons. Tout en restant invisibles et inconnus, les archétypes peuvent être à l'origine d'émotions intenses ; sans le savoir, nous sommes très souvent sous leur emprise. Pour

•••/

1. Jung s'inspire de la notion d'archétype à partir de Platon. Ce terme désigne une empreinte originelle ; c'est pour Jung un principe structurant qui a un impact considérable sur les comportements de tous les êtres humains.
2. Thibaudier V., « Archétype », *Dictionnaire Jung*, (dir.) A. Agnel, Ellipses, 2008, p. 28.

\•••

illustrer cette notion d'une manière imagée je citerai l'étymologie d'un caractère chinois, *Xiang*[1], qui signifie « image, symbole » : la trace du pas de l'éléphant ; dans la jungle, on ne voit pas l'éléphant, mais on voit la trace de son pas, et l'on sait donc qu'il est passé par là.

Dans la mesure où nous nous trouvons sous la domination d'un archétype, nous serons impuissants à résister à sa force, tant que nous n'aurons pas fait face aux images qu'il engendre[2]. Par exemple, une femme d'aujourd'hui tout à fait autonome et apte à affronter les aléas de la vie peut, dans une situation donnée, ressentir un impérieux besoin d'être protégée par son compagnon. Cette femme me raconte un incident au cours duquel sa propre réaction l'a extrêmement surprise : elle s'était sentie agressée face à des groupes de jeunes menaçants dans une rue isolée et, prise de terreur, n'avait pu supporter que son compagnon, présent à ses côtés, ne réponde pas immédiatement par une attitude protectrice et rassurante. D'abord paralysée par la peur et l'impuissance, elle s'était ensuite sentie submergée par la rage et un fort ressentiment envers son compagnon, ce qui les avait conduit à un violent conflit. Notons que cette terreur dépassait de loin une panique face à l'inconnu qui aurait eu pour origine un événement traumatique vécu au cours de son enfance. Cet exemple illustre l'idée, enracinée dans l'archétype de la relation entre homme et femme, que c'est à l'homme de protéger la femme, et ceci depuis la nuit des temps.

1. Wieger S.J., *Caractères chinois : étymologie, graphies, lexique*, Huangchi Press, 1963.
2. Jung C.G., *Psychologie et Éducation*, Buchet/Chastel, 1962, p. 231.

Au midi de notre vie, c'est l'archétype de « l'éternel adolescent » qui nous travaille particulièrement et par rapport auquel nous devons prendre de la distance. Il caractérise quelqu'un qui reste piégé dans un lien archaïque à la mère, dans la nostalgie inconsciente d'une fusion avec elle et du sentiment de toute-puissance qui y était associé. L'éternel adolescent reste ainsi figé dans une quête éperdue de perfection et d'absolu ; l'enfance est pour lui ce paradis perdu où il pouvait tout obtenir, tout de suite. L'immaturité de cette personne la fragilisera face à la nécessité d'affronter la réalité ; elle restera infantile et évitera tous problèmes et responsabilités[1]. Vivant la vie comme un jeu, l'éternel adolescent aura du mal à faire des efforts, à travailler avec persévérance et restera accroché à des chimères d'apparence prestigieuse.

Dynamique, curieux, ouvert à tout, vivant dans l'instant, centré sur lui-même, l'éternel adolescent reste « coincé » dans un besoin de renouvellement permanent. Il a du mal à être satisfait par un quotidien qu'il rejette comme banal et sans intérêt[2]. Incapable de se satisfaire du monde tel qu'il est, il rêve d'un ailleurs introuvable, se réfugie dans des fantasmes stériles et cultive ses illusions. La vieillesse lui fait peur. Pourtant, pour mûrir, il lui faudra rencontrer en lui-même son contraire : le vieillard, le « vieux sage ». S'il accepte de le faire, une alliance féconde pourra être conclue et l'éternel adolescent sera alors libéré des liens fusionnels qui l'attachent à sa mère ; une relation profonde avec une femme (ou un

---

1. Von Franz M-L., *The problem of the Puer Aeternus*, Inner City Books, 1998, p. 7-11.
2. Hillman J., « Kronos, Senex et Puer », *Cahiers de Psychologie jungienne*, n° 18, 1978, p. 46-47.

homme pour l'éternelle jeune fille) permettra alors à notre « adolescent » de cesser d'être son seul objet d'amour pour se tourner vers l'autre.

Accepter de vieillir

L'éternel adolescent craint par-dessus tout de vieillir et de reconnaître son pôle opposé, le vieil homme : les deux pôles opposés sont les deux faces du même archétype. Ces deux contraires se complètent et peuvent participer à notre transformation dans la mesure où les aspects positifs de l'un et de l'autre l'emportent sur les aspects négatifs[1]. Ainsi, la capacité du vieil homme à faire régner l'ordre et assumer les responsabilités doit être soutenue par l'énergie toujours renouvelée de l'adolescent.

À ce stade, notre image corporelle est attaquée par l'érosion du temps, par l'âge qui marque notre corps et use notre énergie vitale. Le corps, cette enveloppe si importante et précieuse de notre identité, nous signale l'entrée dans une autre étape de vie, nous éloignant définitivement de notre adolescence.

Des taches de vieillesse ont gagné nos mains, la peau commence à se relâcher, les genoux s'empâtent, nous prenons du ventre, la vision s'affaiblit, nous entendons moins bien, nous avons de petites douleurs articulaires ici et là, les cervicales et les lombaires nous font mal, les cheveux sont moins fournis. Nous sommes las de voir ce visage, ce corps, ce ventre, cette silhouette qui n'a plus rien à

1. Gad I., « Le couple dans deux contes de fées », *Cahiers de Psychologie analytique*, n° 41, 1984, p. 49.

voir avec celle d'une jeune femme, d'un jeune homme. Il va nous falloir faire un véritable travail de deuil autour de notre image corporelle.

Tous ces signes nous apprennent, hélas, que nous entrons dans la seconde partie de notre vie. Notre visage commence à nous rappeler celui de notre mère, de notre père ; parallèlement émergent aussi de vagues souvenirs de nos grands-parents, si « vieux » quand ils avaient notre âge. Ces images font vaciller l'illusion que nous allons rester jeune toute notre vie, comme si notre existence était immuable.

Finalement, qu'est-ce qui nous paraissait si merveilleux dans le passé ? De quoi avons-nous peur dans l'avenir ? Notre enfance et adolescence étaient-elles réellement heureuses et épanouies ? Connaissons-nous dans notre entourage tant d'exemples qui iraient dans ce sens ? Il semble plutôt que pour la plupart, l'enfance et l'adolescence aient été des périodes d'inconfort, de mal-être, de souffrance même... alors, que regrettons-nous ?

Une nostalgie trompeuse...

Arthur a grandi dans une famille composée de deux branches opposées, l'une riche et puissante et l'autre démunie et rabaissée par la première. Adolescent, Arthur, myope et boutonneux, était complexé, mal dans sa peau et sentait le mépris qu'éprouvaient pour lui ses cousines aisées.

Malgré son sentiment d'être plus intelligent, plus profond et plus mûr que ses cousines frivoles, il était convaincu de n'avoir aucune chance d'être reconnu par elles. Il en souffrait beaucoup. Adulte, il a bien réussi sa vie professionnelle et a une vie familiale épanouie. Pourtant, il reste prisonnier de la nostalgie de sa jeunesse, comme si celle-ci avait été enviable. C'est pourtant tout le contraire : il a été tellement meurtri dans sa confiance en lui, que rien n'a pu, jusqu'à ce jour, réparer sa blessure narcissique ancienne.

En fait, nous sommes bien souvent envahis par la nostalgie de la jeunesse ; elle nous renvoie à des images, à des représentations et non pas à la réalité de ce que nous avons vécu. Cet homme est resté attaché à son identité passée qui n'a plus rien à voir avec ce qu'il est devenu. Il est autant prisonnier de son ancienne image dévalorisée que de sa quête d'une jeunesse en train de disparaître. Bien sûr, il est naturel de regretter l'espoir, l'énergie, la beauté, l'impression que tout est possible et que tout est à venir, inhérents à cette période de notre vie. Pour la plupart d'entre nous il est difficile de nous détacher de l'illusion de l'éternelle jeunesse, de quitter l'enfance insouciante pour devenir adulte ; d'autant que vieillir et mourir ne sont pas *a priori* des perspectives faciles à envisager. L'âge peut sembler un ennemi sans pitié. Ce deuil nous coûte d'autant plus qu'il nous faut accepter de devenir un *has been* dans un monde qui valorise par-dessus tout la jeunesse. Les journaux et les magazines nous le rappellent tous les jours.

Un homme idéal

Marc a une quarantaine d'années. C'est un bel homme, conscient de son physique séduisant, dont il joue beaucoup. Très soucieux de son apparence physique, il fait du sport, entretient sa ligne, fait attention à ce qu'il mange, à son poids, à ses rides et a très peur de perdre ses cheveux.

Il semble « tout » avoir : l'intelligence, la beauté, l'élégance et le sens des responsabilités. Infirmier, il se sent valorisé dans son travail et il est pleinement engagé dans son métier. Marc a de bonnes relations avec ses collègues qui le trouvent simple et agréable. Lui qui a toujours été le premier de sa classe reste « bon élève » dans tout ce qu'il entreprend. C'est de cette manière qu'il a d'ailleurs gagné la fierté de sa mère : c'était le prix à payer pour gagner son attention.

Ses deux parents étaient instituteurs, déprimés et alcooliques. Sa mère s'est suicidée, peu de temps avant qu'il ne vienne me consulter. Elle parlait de suicide depuis très longtemps et avait prévu le jour et l'heure de sa mort ainsi que tous les détails concernant la succession.

Marié depuis une dizaine d'années, Marc a deux garçons dont il s'occupe beaucoup. Son couple va assez bien, ayant survécu à quelques crises, ce qui n'empêche pas Marc de s'investir dans une relation platonique avec une autre femme, « idéale » à ses yeux, sans pour autant envisager de concrétiser cet amour. Il se rappelle trop bien de la séparation de ses parents, due au fait que sa mère était tombée « follement » amoureuse d'un homme qui devait la quitter peu après. Son profond déséquilibre daterait, selon Marc, de la séparation d'avec son amant. Marc avait alors treize ans.

Il se souvient également de l'état d'ivresse de son père qu'il avait été obligé de « ramasser » par terre à plusieurs reprises pendant cette période. Heureusement, le grand-père, très présent, avait témoigné une grande tendresse envers Marc depuis sa naissance.

Pour se préserver de son désarroi, Marc s'est depuis toujours dévoué « corps et âme » à son travail. De ce fait, son engagement professionnel excessif ne lui a pas laissé pas la moindre chance d'être en contact avec sa réelle détresse.

Quelle a été la demande de Marc concernant le travail analytique ? Apparemment, il s'agissait pour lui de faire le deuil du suicide violent de sa mère et de consolider son couple, mais je sentais dès le départ qu'il avait surtout besoin de passer le cap de l'éternel adolescent pour avoir accès à son identité d'homme. Dès qu'il était en confiance, il avouait d'ailleurs qu'il se donnait l'air gai et insouciant, mais qu'au fond il se sentait terriblement seul. En vacances par exemple, il ressentait un vide immense et avait le sentiment que sa vie n'avait aucun sens.

Son histoire était lourde et il en a payé le prix. Face à des parents « handicapés » psychiquement et physiquement, il était devenu leur enfant thérapeutique, mettant toute son énergie à soigner sa mère et à « réparer » son père. La thérapie consistait donc à l'aider à en prendre conscience et à veiller à ce qu'il ne suive pas la voie destructrice de ses parents. S'investir lui-même en tant que personne, en dehors de la fonction de soignant pour ses parents, se séparer de ce rôle exigeait aussi de sacrifier les avantages valorisants qu'il avait pu en tirer. En même temps, cette évolution pouvait l'aider à abandonner son identité d'adolescent – profondément attaché à sa mère – et à accepter plus paisiblement sa maturité. Pour cela, son grand-père a été un modèle précieux.

Marc avait, comme sa mère, des comportements suicidaires : il fumait beaucoup et abusait de l'alcool. De plus, il ne pouvait cesser de rêver à une relation parfaite avec une « femme idéale », refusant d'accepter que tout être humain, donc toute relation, comporte des failles. Très doucement, il a pu prendre des distances avec cette femme idéale illusoire et s'engager davantage auprès de sa femme réelle.

Faire le deuil de l'adolescent consistait pour Marc à acquérir assez de confiance en sa propre valeur pour cesser d'attendre, en permanence, d'être reconnu et valorisé par les autres. Il commençait peu à peu à se sentir moins angoissé à l'idée de prendre de l'âge, et de perdre ce corps parfait de jeune homme.

Pouvoir accepter l'imperfection de la réalité, s'y adapter le mieux possible, cesser de rêver à un ailleurs idéal, sont des pas importants vers la maturité et signent une prise de distance d'avec « l'éternel adolescent ». Toutefois, dans le cas où les parents n'ont pas été des modèles « honorables », il n'est pas simple d'accepter de vieillir, de peur de devenir comme eux. Face à ces parents ressentis comme défaillants, parce qu'immatures, dépressifs, malades ou morts[1], l'enfant est souvent amené à se substituer à eux inconsciemment. Il assume donc leur fonction, tout en éprouvant à leur égard un mépris et un ressentiment liés au fait d'être privé de son enfance, et trop tôt obligé d'affronter les difficultés de la vie. Plus tard, l'enfant devenu adulte cherchera à s'engager dans une voie qui « répare » ses parents, en réussissant là où eux ont échoué ; parallèlement, il en gardera un sentiment de culpabilité.

Ajuster nos images idéales à la réalité

Dans la mesure où nous avons la chance d'être encore vivants, nous vieillissons, c'est évident. Pourtant, la plupart d'entre nous a conservé la fougue et l'énergie de sa jeunesse et ses aspirations n'ont pas tellement changé. Le matin, lorsque nous faisons face à notre miroir, qui voyons-nous ? Est-ce le jeune homme, la jeune

1. Agnel A., « La défaillance paternelle et sa compensation chez Freud et Jung », *Cahiers jungiens*, n° 69, 1991, p. 8.

femme à peine sortis de l'adolescence ou celui ou celle que nous sommes devenus aujourd'hui ?

Quoi qu'il en soit nous constatons, avec regret, que le miroir et le regard des autres nous confrontent chaque jour au décalage entre notre image idéale et notre image réelle. Parfois, au détour d'un reflet dans une vitrine, on peut d'ailleurs être saisi par des traits de visage affaissés et par une silhouette empâtée. Cela peut être un vrai choc !

Rêve ou réalité ?

Lucie me rapporte un rêve qui l'a bouleversée. C'est une femme d'une quarantaine d'années, belle, sportive, qui paraît plus jeune que son âge. Dans ce rêve, elle voit le reflet de son visage dans le miroir et remarque avec horreur que toutes ses dents sont tombées. Dans un premier temps, elle ne comprend rien à ce rêve : justement, elle se sent actuellement bien dans sa peau ; son travail et sa vie familiale vont bien, elle est heureuse.

Puis, après un silence, elle se souvient d'un appel récent de sa mère qui l'a informée que son généraliste, à peine plus âgé que Lucie, vient de mourir d'une attaque cardiaque.

Ce rêve lui rappelle avec brutalité qu'elle n'est plus la jeune fille qu'elle a été, qu'elle est mortelle. L'image poignante de son rêve incite Lucie à tenir compte de son vieillissement ; elle doit maintenant quitter le sentiment d'éternité entretenu depuis l'enfance. Le rêve la confronte aujourd'hui avec le fait que sa vie aussi aura une fin.

Lucie ne parvient pas à s'imaginer vieillir et reste dans un déni du temps qui passe. Nous reculons devant cette deuxième partie de notre existence comme un enfant effrayé par l'inconnu. Notre vie passée, quelle qu'elle ait été nous paraît si précieuse que nous nous sentons incapables d'y renoncer, de perdre ce qui nous semble indispensable. Ayant accompli ses projets matériels, Lucie ne voit pas ce qui lui resterait à vivre. « *No future* » ? Elle peine à faire le deuil de l'image de l'éternelle jeune fille et à reconnaître que certaines expériences de sa vie sont derrière elle à présent. Accepter de ne pas être immortel est si difficile à intégrer pour chacun d'entre nous ! Cependant, quand ce n'est pas un accident de parcours qui nous le rappelle, ce sont les images de rêves qui nous remettent en mémoire ce fait à la fois banal et difficile à assumer.

Beaucoup de femmes et d'hommes ont partagé avec moi, lors de nos séances analytiques, un sentiment de tristesse profonde dû à l'impression de ne pas avoir vécu en tant que femme ou homme pendant leur jeunesse. Ils n'avaient pas conscience alors de leur beauté et de toutes les possibilités qui s'offraient à eux et dont ils n'ont pas su profiter ; en fait, c'est précisément cela que nous regrettons. Au moment où l'âge laisse ses premières traces sur notre corps, nous réalisons que nous sommes en train de nous « faner », alors que nos enfants sont, eux, dans l'épanouissement de la jeunesse. Nous avons peur de devoir faire le deuil de notre identité sexuée au milieu de notre vie, comme si l'amour, la relation intime n'étaient plus d'actualité à partir d'un certain âge.

Faire face aux déceptions

Au cours de notre adolescence, la plupart d'entre nous avaient un rêve, une vision de ce qu'ils voulaient devenir une fois adultes, et de la vie dont ils ne voulaient pas : en général celle de leurs parents.

Écoutons ces rêves : être riche et célèbre, réussir sa vie, faire des études poussées, être professeur agrégé, avoir un château, être un artiste reconnu, faire le tour du monde, avoir une propriété de campagne avec de nombreux animaux, être pilote d'avion, inventeur, pharmacienne à la campagne, accomplir une œuvre magnifique, être danseuse, médecin, chercheur, architecte, vétérinaire, avoir une grande famille, être un bon parent, être marié avec quatre femmes successivement, ou alors rester mariée avec le même homme toute sa vie, avoir sept enfants qui vont bien, ou encore ne surtout pas se marier, ne pas avoir d'enfants, être sans projet, rester célibataire et sans enfants.

Nous voyons là toute une panoplie de projections sur des images idéalisées, comme des « spots publicitaires » d'une vie réussie, ou parfois une envie implicite de faire mieux que les parents, de réparer là où ils ont échoué, ou de mener notre vie à contre-courant des chemins tracés par la famille.

L'adolescent a beaucoup d'espoirs qu'il ne réalise pas forcément une fois adulte. Si une personne reste arrimée à un idéal de perfection, à une vision de perfection, avec des récriminations constantes à l'égard de ceux qui sont en position d'autorité, c'est bien le signe qu'elle n'a pas fait le deuil de son adolescence. Pour franchir cette étape, il est nécessaire de prendre conscience de nos réels besoins, d'assumer nos choix et de nous donner les moyens de les réaliser.

« C'était le bon temps... »

Un homme éprouvé par la vie, me rapporte ce rêve : il se voit avec deux de ses anciens camarades de lycée qu'il avait perdus de vue depuis longtemps. Il les retrouve au bord d'une rivière. Ravis de se revoir, ils se tapent dans le dos, se donnent des accolades et se mettent même à pleurer « comme des filles ». Ils pleurent sur leurs rêves de jeunesse perdus à tout jamais, regrettant amèrement leurs espoirs, leur énergie et leur entrain passés. Puis, ils se racontent leurs vies, toutes les difficultés et les drames qu'ils ont traversés.

Les rêves d'adolescents peuvent souvent être très éloignés de la réalité, car ils ne prennent pas en compte les limites de moyens, de talents, de persévérance, de temps et d'énergie. À présent, il est important de se rendre compte que certaines déceptions sont causées par des circonstances extérieures malheureuses et d'autres, au contraire, par des actes ou une passivité dont nous sommes seuls responsables. Nous constatons alors avec désarroi la perte de nos illusions sur nous-mêmes et sur les autres.

Nous sommes parfois la source même de nos déceptions : par exemple nos enfants, que nous avons élevés en espérant faire mieux que nos parents, correspondent rarement à nos attentes, conscientes et inconscientes d'ailleurs. Ils nous déçoivent, car ils nous donnent l'impression de gérer leur vie loin des espoirs que nous avions nourris pour eux. En dehors des souhaits de réussite sociale, nous avions tellement espéré que nos enfants seraient simplement épanouis dans la vie ! Mais plus encore, nous sommes déçus de n'avoir pas mieux réussi avec eux que nos pères et mères avec nous, d'avoir été pris dans les sillons des modes relationnels de nos parents, si critiqués pourtant, et d'être « tombés » dans le piège de cette répétition.

Il faut bien accepter qu'il y ait des déceptions ; elles sont dans l'ordre naturel des choses. Par contre nous devons nous rendre compte que nous avons une part de responsabilité dans certaines d'entre elles. Dans notre jeunesse, nous sommes pleins d'attentes et d'espoirs, mais souvent dans l'illusion que ce sont les autres qui doivent combler nos attentes sans que nous ayons à faire d'effort. Parfois, nous nous plaignons de ce que la vie a manqué de nous apporter, alors que nous sommes bien souvent nous-mêmes les artisans de notre propre malheur.

Victime et bourreau

C'est le cas d'André. Issu d'une famille défavorisée, il est le dernier-né d'une famille de sept enfants. À sa naissance, sa mère n'avait plus la force de l'élever. André a ainsi été livré aux soins et à la merci de ses frères et sœurs aînés. La famille elle-même était toxique. Malgré sa vive intelligence, son parcours scolaire a été désastreux. Ses instituteurs ont connu tous ses frères et sœurs avant lui, et en ont fait un bouc émissaire, tout comme sa famille. Devenu adolescent et meurtri par ces injustices, André fugue, s'installe loin de son village et fait ce qu'il peut pour survivre. Poussé par son énergie vitale, il tente de s'insérer socialement. Avec courage et persévérance, il réussit d'abord une formation de technicien, puis une autre ; il est recruté dans une entreprise et gravit l'échelle des responsabilités.

C'est à ce moment qu'il entrevoit ses difficultés relationnelles et entreprend un travail thérapeutique, car il se rend compte qu'à chaque étape de son évolution professionnelle, il rencontre toujours le même problème. Assoiffé de reconnaissance de sa valeur et de ses compétences professionnelles, il est cependant incapable de reconnaître celles de ses supérieurs et de ses collègues, symboles de ses parents et de sa fratrie.

Profondément marqué par les traumatismes vécus au cours de son enfance, il continue à retrouver dans toutes les situations sociales le sentiment d'être un bouc émissaire. Il lui faudra du temps pour se rendre compte que son attitude revendicatrice et agressive envers les autres, contribue au rejet qu'il subit.

Au cours de son enfance et adolescence, André a subi des attaques, sans pouvoir s'en protéger, d'où sa tendance à vivre tout groupe comme une communauté sans loi, un lieu dangereux et cruel, marqué par la présence imaginaire d'un père absent et d'une mère perverse. Pour se défendre, il adopte une attitude taciturne, sa devise étant : *« Moins on s'exprime, mieux on se protège. »*

À l'heure qu'il est, André pourrait avoir des comportements autres que ceux induits par les schémas relationnels anciens ; il faudrait pour cela qu'il prenne de la distance avec son identité de victime innocente et comprenne qu'il est actuellement le principal metteur en scène de sa vie. Son attitude contribue à son succès mais peut aussi le conduire à l'échec.

Ainsi, il arrive que ceux qui ont vécu un abandon, un rejet grave dans leur enfance mettent en place, à leur insu, des relations conflictuelles avec leur entourage, y compris dans le milieu professionnel. Ils sont souvent blessés d'être rejetés par les autres, ne comprenant pas comment ils contribuent à cette situation ; il leur est difficile de reconnaître leur part de responsabilité dans ce qui arrive.

Ce constat fait, il est difficile de faire la paix avec nos désillusions, d'accepter de ne pas avoir réalisé tous nos rêves, et de tenter de concrétiser ceux qui sont encore à notre portée.

Rester en lien avec l'énergie de l'adolescence

Dire adieu à l'illusion de l'éternelle adolescence ne veut pas dire pour autant renoncer à la vitalité de la jeunesse. Plutôt que de vouloir rester jeune à tout prix il nous incombe, en acceptant de vieillir, d'apprendre à utiliser l'énergie dont nous disposons, pour accomplir ce que nous avons à faire aujourd'hui et demain ; il nous reste à découvrir des ressources restées en friche. À nous d'accepter de suivre le cours du fleuve, plutôt que de combattre les signes du vieillissement par tous les moyens et de perdre nos forces à nager à « contre-courant ». Nous sommes devant la nécessité de faire le deuil de ce qui n'est plus, mais aussi d'être pleinement dans le présent et de préparer l'avenir, en nous appuyant sur l'énergie de l'enfant et de l'adolescent qui reste vivante en nous.

Nos relations avec les autres changent aussi. Peut-être avons-nous besoin non plus de faire partie d'une « bande » de copains, mais d'approfondir quelques relations privilégiées dans lesquelles il y a place pour une écoute et un intérêt réels et réciproques. À présent, la qualité de la relation l'emporte sur la quantité. Autrefois nous avons eu besoin de multiplier les relations, de faire sans cesse de nouvelles connaissances, souvent davantage pour nous rassurer sur notre valeur et nos aptitudes sociales que pour échanger avec les autres en profondeur. Le temps qui a passé a permis de décanter les amitiés ; certaines se sont dissoutes au fil des circonstances, d'autres sont restées fiables et solides. Le moment est venu de goûter les joies de ces relations fondées sur ces « affinités électives » si précieuses et de leur consacrer le temps et la disponibilité qu'elles méritent.

De la fille impétueuse à la femme...

Geneviève est une jeune femme qui a connu une vie bien difficile. Elle me raconte un rêve : une jeune fille est assise, immobile, endormie, les yeux grands ouverts. La rêveuse a peur que la jeune fille soit morte. Elle la secoue :

mais non, elle est vivante, elle se réveille. Par la suite, son énergie débordante et son agitation épuisent Geneviève. Furieuse, elle voudrait bien qu'elle disparaisse.

À partir de ses associations, Geneviève s'est rendu compte qu'elle était en train de faire le deuil de la jeune fille qu'elle avait été, hébétée par les agressions et passages à l'acte dont elle avait été l'objet. Quand elle n'était pas en état de sidération, une vitalité ravageuse la poussait à se lancer à corps perdu dans des relations destructrices. Plus tard, elle va canaliser cette énergie débordante, poussée par une angoisse envahissante, pour mener à bien ses engagements dans une réalité difficile qu'elle assume pleinement. Par contre, tout en accomplissant les efforts que la vie lui demande, elle compense cette vie surchargée de tâches multiples par une détente trouvée dans une vie imaginaire intense. Dans cette vie-là, elle s'imagine en Amazone parcourant le monde, séduisant de beaux jeunes hommes qu'elle rencontre lors de ses voyages.

Dans la seconde partie de notre vie, nous ne sommes plus régis par les mêmes lois qu'auparavant. Notre comportement se modifie avec le temps. En gardant une attitude infantile à l'âge adulte, nous risquons de nous confronter à des échecs, tant dans la vie affective que socioprofessionnelle. Il est maintenant temps de prendre du recul par rapport à nos ambitions socioprofessionnelles, et nos rêves d'un « amour parfait ».

Certes, aujourd'hui au beau milieu de sa crise du milieu de vie, Geneviève a moins de « fougue ». Elle est néanmoins tranquille, s'est forgé un axe interne solide et veille à ne plus se laisser distraire par les diverses contingences matérielles. Elle peut se concentrer sur ce qui lui paraît essentiel : une relation épanouie auprès d'un homme, avec lequel elle ne vit pas une passion, mais un amour serein et partagé.

Même si cette période du milieu de vie nous oblige à renoncer à nos illusions et à l'intensité passionnelle qui caractérise la jeunesse, elle peut nous donner accès à une plénitude tranquille qui nous enracine en nous-mêmes. À la vivacité impétueuse qui nous emportait parfois succède une énergie plus intériorisée, promesse d'un équilibre paisible.

Dialogue intime

- Comment imaginiez-vous votre vie adulte quand vous étiez adolescent ?

....

....

....

....

- Quels étaient vos rêves et aspirations, familiaux et professionnels ?

....

....

....

....

- Est-ce concordant avec ce que vous êtes aujourd'hui ou non ?

....

....

....

....

- Quels rêves avez-vous accomplis ?

....

....

....

....

• À quels rêves avez-vous renoncé ?

....

....

....

....

• Quelles ont été les déceptions de votre vie et comment les avez-vous vécues ?

....

....

....

....

• Vous ont-elles été utiles par la suite ?

....

....

....

....

• Comment vous sentez-vous dans votre corps aujourd'hui ?

....

....

....

....

Chapitre 3

Le temps qui passe…

« Le secret d'une vieillesse sereine est de passer un pacte avec la solitude. »

Gabriel Garcia Marquez

Nous sommes tous placés sous la loi du temps : un temps cyclique, éternel – idée développée par Mircea Eliade dans *Le Mythe de l'éternel retour* – et un temps linéaire irréversible, fait d'un passé, d'un présent et d'un avenir, dont l'aboutissement est la rencontre avec la mort.

Les uns tentent d'échapper à la conscience du temps qui passe en se laissant aller au rythme des jours, sans s'engager dans leur vie, ni dans les relations avec les autres. D'autres fuient leurs angoisses en planifiant leur vie, leurs responsabilités, leurs engagements sociaux dans le moindre détail, remettant « à plus tard » la joie de profiter de l'existence. Ainsi, beaucoup d'entre nous évitent, aussi longtemps que possible, de se confronter à la réalité du temps. Pourtant, nous n'avons plus le temps de prétendre que ce que nous faisons est provisoire.

De plus, même si notre passé mérite que nous y soyons attaché, perdre notre temps dans les regrets est inutile ; il vaut mieux assumer la responsabilité de nos actes et de notre parcours qui ont fait de nous ce que nous sommes aujourd'hui. En tout cas, nous n'avons plus le temps de retarder notre engagement dans la vie ; nous sommes ce que nous avons fait, ou non, de notre vie.

Tout a un début et une fin

Certains connaissent tôt dans leur vie l'épreuve de la mort d'un être cher. Ceux qui ont été épargnés affrontent cette réalité inéluctable à mi-chemin de leur existence, schématiquement entre trente-cinq et cinquante ans. Ceci se produit soit symboliquement, à travers les diverses ruptures – le vieillissement, un échec, une séparation, un licenciement, le fait que nos enfants quittent le foyer, que nos parents vieillissent – soit concrètement, par l'expérience douloureuse de la mort d'un proche ou la menace d'une maladie grave pour nous-mêmes ou pour un être cher.

Ces événements nous réveillent, nous rappellent que notre existence est éphémère et que ces choses-là n'arrivent pas qu'aux autres. Pourtant, nous sommes tentés de nier l'évidence inévitable de la mort. La plupart du temps nous agissons, sous l'influence de l'illusion infantile d'une existence éternelle, comme si nous pouvions contourner la mort : en mangeant « bio », en faisant beaucoup de sport, en étant bronzé, en étant à l'aise financièrement…

Comme si notre existence et celle des êtres que nous aimons étaient immuables.

Comme le dit le poète chinois Xu Gan, traduit par François Cheng[1] : *« Le défaut des hommes est de déplorer la mort au lieu d'aimer la vie ; de regretter le passé au lieu de penser à l'avenir. »*

Par ailleurs, il existe une autre manière de concevoir le temps : nous ne vivons pas la succession des événements de notre vie sur un axe uniquement chronologique – « passé-présent-futur ». À un moment donné, certaines situations prennent un sens particulier. Une coïncidence imprévisible se présente et bouleverse les données de notre vie, de notre vision du monde, et prend soudain une signification profonde.

Un continuum psycho-physique

Jung appelle « synchronicité » la coïncidence de deux événements significatifs qui se présentent au même moment, et qui renvoient à une correspondance entre des circonstances physiques et psychiques. Le lien entre ces deux événements qui se croisent, comme par hasard, ne réside pas dans une relation de cause à effet[2]. Pourtant, ces événements sont profondément liés par la signification qu'ils prennent, par le sens qu'ils ont pour ceux qui les vivent. Jung a fait l'hypothèse de l'existence d'autres lois qui peuvent expliquer cette cohérence, cette « sympathie » entre des événements physiques et psychiques qui font sens pour nous[3].

1. Cheng F., *Et le souffle devient signe*, Éditions L'Iconoclaste, 2001, p. 67.
2. Jung C.G., *La guérison psychologique*, Librairie de L'université, 1984, p. 108.
3. Jung C.G., *ibid.*, p. 86.

Parfois, des coïncidences nous interpellent et nous incitent à nous « éveiller » à nos besoins impératifs négligés jusque-là et à sortir des rails tout tracés qui s'offrent à nous. Des incidents qui peuvent relever d'une synchronicité se présentent fréquemment, sans que nous nous en rendions compte.

De curieuses coïncidences

Au cours d'une séance analytique, une jeune femme se plaint de se sentir piégée dans son couple, son travail, ses relations, sa vie et dit qu'elle est terrorisée à l'idée de devoir prendre son envol. Soudain, elle voit une petite plume d'oiseau entrer par la fenêtre. La plume virevolte et se pose à ses pieds. Stupéfaite, en larmes, la jeune femme prend très délicatement cette plume dans ses mains, ce signe qui fait tellement sens pour elle à ce moment-là. Elle entrevoit alors la nécessité absolue de prendre son envol et de reconnaître sa terreur à l'idée de déployer ses ailes pour plonger dans le vide.

Un homme finit de déménager un appartement qu'il avait occupé pendant sept ans ; il y avait vécu une séparation très culpabilisante. Au moment où il va définitivement fermer la porte d'entrée, un facteur se présente et lui remet deux lettres recommandées, provenant d'un même tribunal administratif à propos d'une contravention de conduite. La première le condamne à 500 euros d'amende et la seconde l'acquitte de cette pénalité. Cette coïncidence significative, que l'homme n'a bien sûr pas manqué de remarquer, l'a beaucoup aidé par la suite à cheminer avec sa culpabilité.

De la même façon, il est fréquent qu'au moment même où un couple reçoit l'agrément d'adoption tant attendu, la femme découvre qu'elle est enceinte. Cette coïncidence n'est pas gratuite : elle correspond souvent à une autorisation inconsciente que la femme se donne de porter un enfant dès l'instant où disparaît la pression qu'elle-même, son mari et sa famille font peser sur elle. Cette « synchronicité » traduit un cheminement parallèle entre un vécu psychique et une réalité physique qui à un moment donné « prend corps ».

Repérer ces incidents de « synchronicité » demande une attention particulière. Pourtant, nous savons bien qu'il nous arrive de penser très fort à un ami que nous avons perdu de vue depuis longtemps et de recevoir son appel inattendu précisément à ce moment-là. Ou encore, nous cherchons un livre rare que, comme par miracle, nous trouvons chez un ami ou dans les mains du voyageur assis en face de nous dans le train...

Un événement extérieur peut donc nous donner l'occasion de prendre conscience de quelque chose qui nous préoccupait, à notre insu, depuis longtemps, comme si l'extérieur nous dévoilait et éclairait ce qui se passe à l'intérieur de nous.

Vivre un sentiment d'abandon

Le temps qui passe nous rappelle également qu'il est naturel que nos parents vieillissent et qu'ils ne peuvent plus être aussi présents auprès de nous. Il est aussi naturel, et plutôt signe d'une évolution positive, que nos enfants prennent leur autonomie. Pourtant, nous nous sentons abandonnés par eux : abandonnés dans notre fonction auprès d'eux. Nous avons passé tellement de temps à nous occuper des autres que nous sommes bien démunis à présent sans cette charge, dont nous nous sommes d'ailleurs souvent plaints. Nous nous trouvons face à nous-mêmes, perdus, ne sachant que faire de notre personne soudain tellement plus libre de son temps. Ou alors nous pouvons, au contraire, nous inventer un emploi du temps serré avec toutes sortes d'activités afin de ne surtout pas sentir ce temps disponible à présent que nous avons moins de responsabilités familiales.

Absente à elle-même

Ève, professeur, est mariée et mère de quatre enfants, adolescents et jeunes adultes. Elle vient me consulter parce qu'elle est profondément déstabilisée : sa fille aînée a décidé de quitter le foyer familial pour s'installer avec son petit ami, et sa deuxième fille décide de faire des études à l'étranger. Elle se sent désemparée par cette nouvelle, et a le sentiment de revivre un sevrage très douloureux, tout en se sentant « ridicule » d'être aussi bouleversée.

Cette femme a beaucoup souffert de l'absence de sa propre mère au cours de sa petite enfance. Elle a tout fait pour compenser ce manque en devenant une mère « parfaite », aux petits soins pour toute sa famille et en particulier pour sa fille aînée – à laquelle elle s'est identifiée. En lui faisant du bien, elle se fait du bien à elle-même, elle répare cette enfance délaissée. Toute sa vie est orientée vers la fonction de « bonne mère » ; elle est devenue experte dans le rôle de mère exemplaire pour son mari, ses enfants, ses élèves, ses amis, sa belle-famille, ses proches, comme une jeune maman qui devine les besoins de son bébé.

Elle sent bien que son « dévouement » à l'égard des autres lui fait également beaucoup de bien à elle-même ; elle est gratifiée par l'impression d'être indispensable et efficace pour ses proches. En dehors de cette fonction de « bonne mère », elle a l'impression de n'être « rien ». Ève ne se trouve de valeur qu'à condition de se sentir utile, faisant passer ses propres besoins et désirs loin derrière ceux des autres. Avec le départ de deux de ses enfants et une mutation imprévue de son mari en Angleterre, elle est profondément perturbée et écartelée entre son envie de rester près de ses enfants et de suivre son mari. En fait, elle ne connaît pas ses propres aspirations, et se trouve actuellement devant un vide terrifiant ; sa propre personne lui semble étrangère. Elle se rend compte aujourd'hui qu'elle a toujours été poussée par le désir de quelqu'un d'autre - dans l'espoir d'être reconnue un jour pour elle-même.

Pour exister et avoir le sens de sa propre valeur, Ève a été, pendant très longtemps, dépendante du regard et de l'approbation d'autrui. Aujourd'hui elle doit s'approprier ses talents et qualités, les reconnaître comme faisant partie d'elle sans avoir à faire le détour par les autres. Pendant de longues années, elle a mis sa propre personne entre parenthèses, car elle se sentait coupable dès qu'elle s'occupait d'elle-même. Elle est douloureusement confrontée à cet état de fait, juste au moment du milieu de vie. Ses missions de mère, de fille, de femme soutenant son mari sont accomplies et elle se trouve dans la nécessité de faire la paix avec son image et d'intérioriser ses dons et aptitudes, d'acquérir une confiance en elle, tout en abandonnant ses exigences de perfection. Jusque-là, elle ne connaissait pas la valeur intrinsèque de son être ; pourtant elle est belle, intelligente, bien organisée, dynamique et créative.

Cet exemple renvoie évidemment à des situations que connaissent beaucoup de femmes, mais qui concernent aussi les hommes ; car eux aussi sont confrontés à la question de leur propre valeur, en dehors de leur fonction de protection et de garant de la sécurité matérielle de la famille.

Larguer les amarres du passé

Les générations qui nous ont précédés pèsent souvent sur notre vie, nous enfermant dans des filets dont nous avons du mal à nous libérer. Il arrive en effet que nous nous trouvions pris dans une sorte de répétition inconsciente des événements vécus par nos ascendants ; il est très difficile de s'en sortir sans en passer par un travail de prise de conscience. Je pense à une femme qui, enfant, est devenue l'otage et la cible de projection de sa propre famille, qui voyait en elle une forte ressemblance avec un aïeul devenu fou et mort en hôpital psychiatrique. Heureusement, elle s'est rendue compte en grandissant des filets inconscients qui la piégeaient. Elle a pu s'expliquer avec ce passé dans un lieu thérapeutique, sauver ainsi son équilibre et s'engager dans sa propre vie.

Larguer les amarres nécessite aussi de se dépouiller du passé, de se débarrasser des aspects inutiles de sa vie, et d'oser se diriger vers un parcours solitaire. Si nous restons ligotés à notre image du passé, celle-ci va prendre la place du présent et de l'avenir. Souvent, c'est un changement dans le cours de notre vie, un déménagement, un nouveau travail, une séparation qui nous aident à rompre avec des habitudes qui ne nous correspondent plus.

Rangeons nos placards !

Brigitte vient me consulter à la suite d'une rupture affective ; elle se trouve depuis seule et désemparée dans son appartement et dans sa vie. Elle sait bien que la relation qu'elle vit depuis plusieurs années lui a surtout permis de ne pas être seule face à ses angoisses nocturnes, et de se sentir « protégée » par la présence d'un homme. Finalement, face à l'évidence d'un « non-amour » partagé, elle a trouvé le courage de mettre fin à cette liaison.

Son ami part tôt un matin, emportant ses nombreuses valises, et elle reste assise des heures dans un fauteuil, hébétée, les yeux fixant le vide. Le lendemain dimanche, elle se trouve pour la première fois, seule toute la journée. Elle décide alors de faire une longue promenade au bord de la Seine. Pour se préparer, elle ouvre le placard et constate, une fois de plus, que ses vêtements sont empilés dans un total désordre ; d'ailleurs plusieurs pulls tombent par terre.

C'est insupportable ! Il est vraiment temps de mettre de l'ordre et de faire un tri dans ses affaires. Pourtant, l'idée de rangement lui paraît insurmontable. Elle commence quand même à vider le placard, mettant tous les vêtements sur le sol. Ensuite, elle forme plusieurs petits tas de linge dont elle n'a plus besoin et qui correspondent à certaines étapes de sa vie : la période de son premier amour, ses flirts de jeunesse, les voyages, les dîners, les sorties, l'époque où elle était très mince... Elle voit défiler sa vie ; des images vives du passé reviennent, rappelées par la couleur, la forme, l'odeur et le toucher de ses vêtements.

C'est alors qu'elle se rend compte de sa difficulté à se séparer réellement de ses affaires ; pourtant, elle décide d'en offrir la plus grande partie. Elle traîne encore des semaines avant de mettre à exécution cette décision. Une fois « l'offrande faite », elle pousse un grand soupir de soulagement et se sent prête à commencer une nouvelle étape de sa vie.

Ainsi, nous pouvons constater à l'occasion d'une séparation d'avec des choses apparemment futiles que nous pouvons également commencer à nous défaire des chaînes du passé : nous nous sentons ainsi plus disponibles pour nous, nos amis et plus ouverts à ce qui se présente aujourd'hui dans notre vie. C'est un grand soulagement de se défaire de vêtements inutiles, mais aussi de tous les objets, rites et habitudes qui nous encombrent. Ils peuvent nous donner une fausse impression de sécurité, mais en fait ils pèsent sur nous.

La même chose peut être vraie pour certaines relations : parfois, on peut fréquenter des voisins proches, mais dès que l'on déménage les rencontres se raréfient, puis l'on se perd de vue. De même, certaines relations amicales dans lesquelles nous investissons à des moments particuliers de notre vie – notamment ceux où nous nous retrouvons seuls face à notre existence – perdent leur importance dès lors que nous avons l'impression qu'elles ne nous apportent plus rien, ou encore parce que nous avons mûri ; de ce fait ces relations perdent leur sens.

Goûter au temps présent

Le milieu de la vie nous confronte souvent crûment à la réalité de la mort, ce qui fait émerger des angoisses intenses et nous permet en même temps de pressentir une réalité existentielle plus profonde. Nous voilà seuls ; nous ne pouvons plus contourner le fait que la tâche essentielle de cette période de vie consiste à apprivoiser la peur de la solitude.

Anorexiques de la vie, certaines personnes ont tellement peur de la mort qu'elles refusent de goûter au temps présent, de vivre leur vie, comme si elles pouvaient, de cette manière, la garder « intacte », non consommée[1]. Pourtant, il est important à présent de reconnaître,

1. Yalom I., *La malédiction du chat hongrois*, Éditions Galaade, 2008, p. 163.

réellement, que la mort est la fin naturelle de notre vie. En approfondissant le sens de la vie et de la mort, nous pourrons appréhender la mort non pas comme un lieu terrifiant, ni comme un lieu de paix, mais comme un lieu où la conscience, telle que nous la connaissons, n'existe plus.

Profiter de l'instant

Divorcé, sans compagne, plongé dans une vie professionnelle intense, Thierry est l'enfant unique de parents âgés, atteints de démence sénile. Sa vie est régie par les visites familiales et l'organisation de l'assistance à ses parents, sociale (repas, entretien de la maison) et médicale (toilettes, soins particuliers). Il est obligé de passer chez eux un jour sur deux pour les réconforter, leur apporter son affection et assurer la continuité nécessaire à leur bien-être. Par ailleurs, il n'a rien construit dans sa vie.

Thierry est à la fois épuisé, triste et en colère. Triste parce qu'il assiste, impuissant, à la « dégénérescence » progressive de ses parents. En colère, parce qu'il doit assumer le poids de leur existence jour après jour. Thierry ressent cela comme une injustice, d'autant plus que ses parents ont été très absents au cours de son enfance.

Toutefois, il vit aussi des moments émouvants avec eux, autrefois si exigeants et autoritaires. Il apprend maintenant à les accueillir dans toute leur fragilité. Chaque jour, il se dit que c'est peut-être le dernier... et qu'il a intérêt à les apprécier et à être bienveillant avec eux.

Ainsi, Thierry a su appréhender ce moment poignant où la roue tourne ; il a pu être présent à lui-même et à ses parents. Il gardera des souvenirs d'une intimité émouvante avec son père et sa mère et a ainsi pu se réconcilier en profondeur avec eux et donc avec une partie de lui-même. Il a pu le faire parce qu'il a su vivre l'instant présent, sans être contaminé par le passé ni par les angoisses de l'avenir. En effet, le secret de la transformation réside dans la présence à l'instant.

Une pause ensoleillée

Michael a une vie particulièrement difficile. Expatrié, père de deux enfants, dont un petit garçon handicapé, il a récemment appris que son entreprise risquait de fermer ses portes. Il a eu, de plus, un accident de voiture sans gravité mais qui le prive de sa précieuse autonomie. Il réussit pourtant à créer des îlots de paix de temps à autre.

Un jour, il me décrit cet instant vécu juste avant de venir en séance analytique : assis sur un banc dans un petit parc, il sourit au soleil du printemps, écoutant les oiseaux chanter. Le temps s'est arrêté.

Même à des moments de grande insécurité existentielle, il est possible d'être en lien avec ce que la vie nous offre « gratuitement ». En fait, nous ne nous rendons souvent pas compte de tout ce que nous recevons de la vie ; un rayon de soleil, la pluie qui arrose les plantes, un sourire de la boulangère, ou un coup de téléphone sympathique d'un ami.

Même si le temps passe vite et que nous sommes « chamboulés » par toutes les difficultés que nous avons rencontrées, il est bon à ce moment précis de notre existence de goûter le moment présent. Il est temps de faire une pause, de contempler tout ce que nous avons et de prendre la mesure de tout ce qui a contribué à faire de nous ce que nous sommes aujourd'hui. Cette période nous donne le sentiment aigu du temps qui passe et nous sentons, plus fort que jamais, que chaque jour compte. Ainsi, à n'importe quel moment de la vie, dans toute situation, aussi dramatique soit-elle, nous pouvons tendre à nous extraire de l'agitation ; dans un lâcher prise, nous pouvons goûter au simple plaisir d'être vivant.

Dialogue intime

- Dans votre quotidien, avez-vous tendance à vivre plutôt dans l'instant ou avez-vous besoin de tout planifier ?

  ....
  ....
  ....
  ....

- Avez-vous tendance à remettre à demain ce que vous pourriez faire ou vivre aujourd'hui ?

  ....
  ....
  ....
  ....

- Quelles sortes d'activités avez-vous tendance à remettre à demain ?

  ....
  ....
  ....
  ....

- Quelle a été la dernière rupture dans votre vie et quel en a été l'impact ?

  ....
  ....
  ....
  ....

- Quel événement de la vie vous a fait prendre conscience de l'irréversibilité du temps ?

....

....

....

....

- Avez-vous fait l'expérience d'un événement qui correspondait à une « synchronicité » ?

....

....

....

....

- Craignez-vous fréquemment d'être abandonné ?

....

....

....

....

- Avez-vous récemment pu prendre du temps pour savourer la vie ?

....

....

....

....

- Quand et comment avez-vous pensé à votre mort et à celle des êtres que vous aimez ?

  ....

  ....

  ....

  ....

Chapitre 4

Les masques tombent

« Comme il paraît serein ce masque ancien. »
Samuel Beckett

Toutes les expériences de notre vie ont contribué à structurer notre personnalité – y compris notre apparence sociale – ainsi qu'à être ce que nous étions dans notre jeunesse et aux premiers temps de l'âge adulte.

Dans la première partie de notre vie, nous privilégions notre « look », les rapports de séduction, la recherche de « l'âme sœur ». Nous nous focalisons ensuite sur la famille, la paternité ou la maternité, l'éducation des enfants... Dans un premier temps, nous sommes donc préoccupés par notre propre personne, puis nous vivons surtout pour les autres. Tout comme on peut s'oublier derrière la fonction professionnelle, on peut également être enseveli sous les fonctions familiales, conjugales et filiales et ainsi perdre de vue la personne que l'on est en dehors de ces divers rôles.

Le passage à cette autre phase de notre vie est semé d'embûches qui peuvent nous déstabiliser et perturber l'équilibre, précaire, auquel nous sommes arrivés. Sous la pression des valeurs parentales et sociales, ainsi qu'en fonction de modèles ou d'idéaux qui nous ont marqués, nous avons appris à afficher bien souvent, consciemment ou non, une certaine image de nous-mêmes, afin d'être reconnus et acceptés. Sommes-nous uniquement ce personnage plus ou moins sympathique qui s'est construit au fil des années ? Ou y a-t-il encore d'autres parts de nous-mêmes à découvrir ?

La société dans laquelle nous évoluons est déterminée par la compétition et la course à la réussite. Mais avons-nous encore besoin, à ce stade de notre vie, de nous valoriser en faisant état de tout ce que nous avons accompli et de tout ce que nous possédons ?

Prendre du recul et remettre en cause ce personnage social mis au point des décennies durant, et qui a conditionné notre existence, peut être source d'une grande angoisse. Renoncer à cette identité fabriquée pour explorer les parts ignorées de nous-mêmes nécessite d'accepter une « mise à nu ». Qui sommes-nous sans cet ancrage ? Avons-nous une valeur personnelle en dehors de notre identité sociale et professionnelle ?

Paraître ou être ?

La phase de transformation qui s'ouvre ainsi nous confronte à la face cachée de notre image sociale ; la part de nous qui n'a pu émerger demande à être entendue et considérée. C'est peut-être l'occasion de nous rendre compte que, parallèlement à nos ambitions conscientes, se trouve au plus profond de nous une âme qui réclame l'attention.

La découverte des divers aspects de notre personne ne se fera pas sans peine. Il se peut que nous soyons accroché à notre image sociale comme à un radeau sur la mer – mère ? – et que nous craignions de disparaître en perdant cette image. L'objectif n'est d'ailleurs pas de la renier, mais de cesser de nous identifier à notre statut professionnel, social et familial. Arrêtons-nous sur une situation et faisons un test : nous sommes en vacances, dans une soirée ou avec des amis à l'occasion d'une fête. Sommes-nous tentés de mettre en avant notre statut social ou professionnel, ou pouvons-nous être tout simplement nous-mêmes sans ces étiquettes ?

N'oublions pas que notre situation socioprofessionnelle n'est qu'une forme d'accomplissement de notre personnalité qui est à la fois plus complexe et plus entière. L'apparence sociale peut être comparée à une photographie : elle ne présente qu'une image extérieure et ne permet pas d'accéder, la plupart du temps, à notre vrai visage. Par contre, une photographie peut être vraiment belle lorsqu'elle réussit à capter le reflet de l'âme derrière l'apparence.

L'identité sociale est façonnée par des injonctions extérieures. Nous avons d'abord tous été influencés par les encouragements, les récompenses, les compliments et les sanctions de nos parents, puis de nos instituteurs, de nos professeurs, et enfin de notre milieu social. Ces incitations ont été autant de bornes placées sur notre route, pour nous faire comprendre comment être appréciés et valorisés. Nous nous tournons à présent vers notre monde interne, peu influencé par les exigences imaginaires ou réelles de notre entourage.

Une belle façade

Isabelle, jolie, mince et élégante, vient me consulter parce que sa vie amoureuse est, depuis toujours, douloureuse et chaotique. Elle a tendance à s'attacher à des hommes mariés qui lui font beaucoup de promesses, entre autres celle de se séparer de leurs femmes avec lesquelles « ils n'ont plus rien en commun – hormis des enfants et des maisons. » La dernière de ses aventures a été particulièrement passionnée. Elle s'est liée à un avocat connu, marié, qui a en parallèle de nombreuses liaisons. Elle se sent aliénée et utilisée comme son objet sexuel. Elle a le sentiment d'être « possédée » et ne peut rien lui refuser. Sa renommée et son talent la fascinent ; elle se sent valorisée par le sentiment d'être sa maîtresse préférée, tout en craignant de n'être qu'une distraction amusante pour lui.

Elle a honte d'être ce qu'elle est. Au fond, elle se sent « nulle » et inintéressante : une coquille vide cachée derrière une apparence agréable. Elle a d'ailleurs souvent le sentiment d'exhiber une façade qui ne correspond pas à ce qu'elle est ; elle a besoin de vêtements « branchés » pour se sentir à la hauteur des parisiennes élégantes qu'elle côtoie.

Le travail thérapeutique progresse peu à peu ; elle prend plaisir à venir à nos séances et apprécie d'être écoutée sans avoir besoin d'inventer des histoires, ni de se rendre intéressante. Peu à peu, elle comprend le sens « caché » des situations, des relations et des conflits qui font la trame de sa vie.

Elle apprend à cette occasion qu'elle s'est construite dans le manque de sa mère et en particulier de son écoute bienveillante. Elle a compensé cet abandon en investissant dans une apparence séduisante et valorisante. Isabelle a ainsi réussi à capter le regard de son père qu'elle a continué à chercher dans la séduction d'hommes engagés par ailleurs. Progressivement, elle trouve moins d'intérêt à « détourner » les hommes mariés, et commence à s'intéresser au développement et à la valorisation de ses propres capacités créatives. L'histoire de cette femme illustre la manière dont chacun d'entre nous peut se perdre dans la vaine recherche d'une image socialement valorisée.

Une personne peut donc éparpiller son énergie vitale dans des relations dont l'enjeu est avant tout de sauvegarder une image gratifiante d'elle-même. Dans un cas comme celui d'Isabelle, capter le désir dans le regard d'un homme marié peut devenir une « drogue » qui donne l'impression d'exister. Et puis, un jour, se présente une opportunité où le « semblant de soi-même » disparaît, et l'on prend brusquement conscience du vide sur lequel on a édifié sa vie. Vivant dans un monde d'apparences, nous avons fini par les confondre avec la réalité ; nous avons construit notre existence sur cette illusion. Un abîme s'ouvre sous nos pieds lorsque celle-ci se dissipe ; la fuite en avant, qui a été notre façon de vivre, apparaît dans toute sa vacuité.

L'angoisse provoquée alors, si elle ne nous submerge pas, peut devenir un moteur de transformation. Quoi qu'il en soit, refuser de voir la face cachée de l'apparence sociale, continuer à faire semblant et à tourner le dos à notre être profond, devient dérisoire. Il s'agit, dans un premier temps, de « débusquer » le masque social et de comprendre ensuite la fonction qu'il a pour nous, ce qu'il compense de nos manques, pour pouvoir ensuite s'en affranchir.

Démasquer notre personnage social

Le personnage social permet de présenter une image acceptable de nous-mêmes, conforme aux normes et aux exigences du « socialement correct ». Selon Geneviève Guy-Gillet[1] cette dimension de l'être humain rend compte « des interférences et des contradictions entre nos valeurs et besoins personnels et celles de notre milieu social ». Il s'agit d'un espace intermédiaire qui révèle les tensions entre l'individu et le collectif, là où les désirs personnels croisent, et souvent s'opposent, aux idéaux collectifs.

Prendre son envol

Depuis sa plus tendre enfance, Francis se sent bien moins intelligent que ses camarades d'école. La réputation d'être un peu lent l'a poursuivi de classe en classe. Ses instituteurs avaient tendance à se moquer de lui. Il se souvient particulièrement de l'un d'entre eux, qui disait à son propos, devant toute la classe, que « cela ne volait pas très haut » chez lui. Francis en était meurtri. Jeune adulte, il décide, après bien des hésitations, de se tourner vers le métier de pilote de ligne ; il a une revanche à prendre. Il ne se rend pas compte alors qu'il cherche surtout à se situer au-dessus « du commun des mortels ». Il a en effet choisi un métier valorisé, une profession associée à une image de pouvoir et de responsabilité collective. Francis, qui a depuis toujours été taxé d'irresponsable, trouvait là à compenser son sentiment de dévalorisation.

Nous affichons une apparence qui nous permet de nous engager dans le jeu social pour faciliter notre adaptation aux exigences imaginaires ou réelles de la société, tout en exprimant nos besoins et nos désirs.

1. Guy-Gillet G., « Éditorial », *Cahiers jungiens de psychanalyse*, n° 58, 1988.

Nous portons donc un masque – parfois volontairement, parfois aussi à notre insu – pour donner une certaine impression qui, de plus, dissimule notre vraie nature. À tel point que nous pouvons rester longtemps, toute une vie parfois, dans l'ignorance de nous-mêmes.

Notre apparence sociale a également une fonction relationnelle : elle nous permet de nous valoriser et de nous distinguer des autres. Elle cache, par ailleurs, des facettes complexes de notre personnalité pour tenter de protéger notre vérité intime, souvent fragile. Fait de compromis, ce masque s'empare de notre être intime dans une recherche de reconnaissance.

Il faut dire que beaucoup d'entre nous ne se sentent vraiment exister que dans la mesure où ils arrivent à capter le regard des autres. Enfant déjà, nous avions besoin du regard approbateur de notre mère : « Regarde maman ! » Adultes, nous continuons à chercher un regard approbateur jusqu'au moment où, plus confiants, nous n'avons plus besoin de nous voir reflétés dans le miroir des yeux d'autrui…

Tous acteurs !

Pour faire notre place dans la société et communiquer avec les autres, nous avons donc besoin de construire un « masque ». Jung rappelle que dans le théâtre antique, les acteurs portaient un masque à travers lequel ils laissaient résonner - *per-sonnare* - leur voix, ce qui permettait au public de reconnaître leur rôle[1]. L'expression du masque symbolisait des émotions universelles, mettant en image des situations de la condition humaine dans lesquelles chacun pouvait se reconnaître. Jung s'est inspiré de cette pratique antique pour l'intégrer dans sa vision psychique de l'homme, faisant

•••/

1. Humbert E., *Jung*, Éditions Universitaires, 1983, p. 58.

\•••

l'hypothèse que chacun d'entre nous porte un masque - appelé par lui « *persona* » - qui traduit l'aptitude psychique naturelle à créer une interface entre nos besoins profonds et les exigences de notre groupe social.

La *persona* est un faux-semblant de nous-mêmes, surtout si nous confondons ce rôle social avec ce que nous sommes en profondeur ; il s'agit d'un leurre dans la mesure où nous en sommes convaincus et, de plus, voulons en persuader les autres. Dans ce cas, le masque nous enferme dans cette identité, nous *devenons* alors ce masque, et nous ne nous reconnaissons qu'à travers notre fonction sociale : par exemple comme thérapeute, médecin, père, mère, sœur, frère… En fait, notre apparence masque notre identité intime. De plus, nous ne nous rendons pas compte, la plupart du temps, du rôle dans lequel nous nous sommes enfermés et de la fonction qu'il a pour nous ; c'est un événement de la vie qui nous force à faire tomber le masque et à affronter le vide qu'il recouvrait.

Se soigner en soignant les autres

Irène, une infirmière dévouée jusqu'à l'épuisement et toujours aux petits soins pour ses malades, se découvre un jour, un grain de beauté malin. À son étonnement, elle est prise d'une panique vertigineuse. Elle prend alors conscience qu'elle n'a aucune confiance en la médecine, ni dans les médecins. Pétrifiée de doute, elle demande plusieurs avis jusqu'au moment où elle rencontre un chirurgien très expérimenté. Au cours de son arrêt de travail, elle réfléchit sur le sens de son investissement professionnel. Irène comprend alors que son métier lui a servi à masquer sa peur de la maladie et de la mort et qu'elle a sous-estimé le courage de certains de ses patients bien plus gravement atteints qu'elle.

Lorsque notre fonction professionnelle à elle seule paraît donner un sens à notre vie, nous vivons dans l'illusion. Dans ce cas, cette construction nous fait croire, à nous comme aux autres, que *nous sommes* cette fonction sociale et rien d'autre. N'oublions pas, par ailleurs, que le choix de notre profession et donc de notre fonction sociale, tient compte de notre histoire personnelle et de l'empreinte de l'expérience ancestrale de l'humanité[1]. Pour certains, ces choix sont déterminés, en dehors de nos modèles et identifications, par une véritable vocation : un lien avec notre être intime qui fait profondément sens et qui peut alors s'exprimer au sein de notre groupe social.

Notons qu'il ne s'agit pas de dissoudre la *persona* en tant que telle, mais de ne pas s'identifier à cette apparence. Cette différenciation nous confronte à une part intime et méconnue de nous-mêmes. Le vide rencontré à cette occasion peut être particulièrement poignant pour des personnes qui ont surinvesti leur paraître socioprofessionnel. Par ailleurs, il y a un vrai risque de déséquilibre physique et/ou psychique, quand le masque disparaît.

La *persona* masque certes des facettes de notre personnalité intime, mais elle comporte aussi des aspects positifs et indispensables à notre identité. Tout d'abord, notre personnage social contribue à construire un espace intérieur intime, loin du regard d'autrui. Il nous sert donc d'abri : on peut « avancer masqué » et décider, au fur et à mesure, de ce qui peut être confié et de ce qui doit rester

1. Selon Jung, l'inconscient est constitué à la fois de notre histoire personnelle et, dans les couches plus profondes, des traces de l'histoire collective, du patrimoine de l'humanité depuis la nuit des temps.

secret[1]. Par ailleurs, la *persona* témoigne de notre capacité innée à nous adapter à notre environnement socioculturel et à nous insérer dans notre groupe d'appartenance avec telle ou telle fonction, utile à la communauté. Elle constitue donc une sorte de « sas » entre notre monde intime, l'autre et la place que nous occupons au sein de notre groupe social. La communication directe, intime et transparente étant impossible dans la société, notre apparence nous sert d'intermédiaire entre le monde et nous-mêmes : nous créons un système d'adaptation au collectif, qui nous permet de communiquer avec les autres.

Enfin, la *persona* est, dans son aspect constructif, une interface entre nous et les autres, tout en étant nourrie par la totalité de notre personnalité qui contient en germe tous nos possibles.

Accepter d'avancer à découvert

Retenons que notre façade sociale est un outil de communication primordial. Lorsque nous prenons conscience de son importance, nous pouvons être amenés à nous interroger sur le sens des divers rôles que nous jouons. Que cherchons-nous à provoquer chez les autres, nos spectateurs ? Est-ce pour compenser un manque, pour afficher une assurance fictive, par besoin de nous sentir « intéressant », pour nous valoriser que nous nous comportons ainsi ? Pousser plus loin l'interrogation, explorer les raisons pour lesquelles nous jouons tel ou tel rôle, peut nous conduire à faire connaissance avec nous-

1. Vieljeux J., « La *Persona* », *Cahiers jungiens de psychanalyse*, n° 58, 1988, p. 7.

mêmes, au-delà du paraître, et à cheminer ainsi vers une identité plus entière.

L'abandon de notre masque va certes provoquer une confrontation difficile avec nos facettes dissimulées, mais aussi libérer une énergie jusque-là utilisée pour l'entretenir et le maintenir en place. En fait, l'identification à notre apparence sociale a étouffé nos aspirations et aptitudes enfouies ; celles-ci vont pouvoir émerger une fois que nous aurons fait le deuil de nos personnages. Certaines d'entre elles seront perçues comme dévalorisantes et même honteuses. D'autres au contraire vont nous fournir l'énergie nécessaire pour vivre nos potentialités et nos possibilités profondes. Nous aurons alors la possibilité de faire des choix de vie que nous ne pouvions pas assumer jusque-là.

En dehors d'une introspection poussée, un échange authentique avec un ami peut nous aider à prendre conscience de l'image que nous avons l'habitude d'afficher, même si cela ne nous correspond pas en profondeur. On peut également rencontrer ce personnage social, symboliquement, dans les rêves à travers des signes fortement investis socialement et qui fonctionnent comme des systèmes de reconnaissance, tel le vêtement.

L'habit ne fait pas le moine

Une rêveuse se voit en train de prêter à une de ses collègues de travail une tenue à laquelle elle tient particulièrement. Elle aime la matière, la coupe et la couleur de cet ensemble et se sent bien dedans. Le soir, elle se rend à une conférence de presse et y rencontre sa collègue dans le tailleur qu'elle lui a prêté. Elle est choquée de voir que celle-ci ne fait nullement attention au vêtement qu'elle porte... elle s'est même tachée avec de la mousse au chocolat ! À la fin de la réunion, la rêveuse demande à sa collègue de lui rendre son ensemble. Cette dernière lui répond que ce tailleur lui va très bien et qu'elle compte le garder. La rêveuse crie : « Je te hais ! » ; elle est alors réveillée par le son de sa propre voix agressive.

Ce cas est caractéristique d'une personne qui a investi une grande partie de son énergie dans l'apparence et la réussite sociales, auxquelles elle s'est identifiée. La rêveuse se sent en rivalité avec ses collègues – qui lui rappellent quelque chose de sa relation avec ses sœurs – qu'elle trouve plus habiles et plus fines dans leurs stratégies de séduction et de promotion. Elle envie leurs talents pour se faire une place de choix au sein de l'entreprise. Bien qu'elle n'adhère plus aux valeurs de sa société, qu'elle désire d'ailleurs quitter, elle se sent dépassée par ses collègues, ce qui renforce ses doutes sur sa propre valeur. Le vêtement dont elle s'est défaite dans le rêve l'avait auparavant rassurée, valorisée aux yeux d'autrui comme aux siens. La rêveuse se sentait protégée par sa parure, comme enveloppée dans un cocon confortable et précieux. Grâce à ce vêtement, elle se sentait sûre d'elle, spéciale et différente.

Ici le thème du rêve, messager de l'inconscient qui contient tous les possibles, compense sa situation consciente et propose à cette femme de se défaire de son personnage illusoire pour puiser dans d'autres dimensions tapies au fond d'elle-même. Pour cela elle doit, dans un premier temps, affronter sa rage de devoir sacrifier son apparence sociale, sa colère de s'y être enfermée pendant si longtemps et son affolement devant l'impression d'être insignifiante derrière cette apparence. Effrayée, elle se rend compte qu'elle ne connaît pas « l'envers de la médaille » ; elle est restée inconsciente d'elle-même.

Accoucher autrement

Mélanie, une jolie femme, vit une relation confortable avec son mari qu'elle trouve affectueux et protecteur. Seule l'absence d'un enfant entache le bonheur presque parfait de ce couple. Un de leurs amis avait d'ailleurs remarqué qu'ils étaient souriants sur toutes les photos qu'ils montraient d'eux-mêmes ; ils aimaient bien afficher les images de leur bonheur. Mélanie se trouve enceinte à plusieurs reprises, mais ses grossesses aboutissent chaque fois à des fausses couches, ce qui la plonge dans une dépression de plus en plus noire. Elle vient me consulter pour trouver une issue à cette détresse dont elle pressent qu'elle dépasse la simple absence d'un enfant.

Elle a conscience que la vie avec son mari commence à lui peser ; elle ne ressent plus de lien profond entre eux. Certes, il lui a apporté de la sécurité, du confort, des signes extérieurs de richesse, une apparence soignée. Tout cela a été nécessaire pour lui donner un semblant de valeur. Au fil du temps, elle s'est rendue compte que sa vie était fondée sur des images et des clichés superficiels. En réalité, elle ne s'est pas construite.

Il lui faut alors trouver dans son existence quelque chose d'authentique qui fasse sens. Pourtant, elle craint de ne pas pouvoir se passer de l'identité illusoire acquise au sein de son couple et se croit incapable de construire sa vie selon ses vrais besoins à partir de ses propres compétences. Au bout d'un certain temps, elle trouve malgré tout le courage nécessaire de tourner une page et de suivre une formation professionnelle en dépit de son manque de confiance en elle. Elle a toujours entendu dire qu'elle n'était pas très intelligente ; jusque-là, sa beauté physique compensait ce complexe. Elle entreprend sa formation avec courage et enthousiasme, tout étonnée d'arriver à suivre les cours et de réussir les examens.

Au cours de son travail analytique, elle prend conscience qu'en se mariant, elle est passée d'une dépendance infantile par rapport à ses parents à une dépendance du même type à l'égard de son mari. D'une certaine manière, elle se voit toujours comme une jeune fille incapable d'assumer son existence ; elle a continué à être « l'objet » aimé de ses parents, puis de son mari.

Sa formation, ainsi qu'un travail valorisant, contribuent à lui donner une meilleure estime d'elle-même. Parallèlement, son investissement dans sa nouvelle activité et son début d'indépendance provoquent des tensions entre son mari et elle ; ils s'éloignent. Suffisamment confiante, elle décide alors de se séparer de lui. Autant elle a été, à une époque, désespérée de ne pas avoir eu d'enfants, de n'avoir pu s'épanouir en tant que mère, autant elle est en paix à présent. Elle a réussi à transformer ce manque, ancré dans son corps, en une créativité symbolique par sa formation, puis son travail, et enfin sa capacité à transmettre une certaine compétence.

Cette jeune femme a pris conscience de sa dépendance à l'égard de ceux auxquels elle était liée. Elle s'était ainsi laissée enfermer dans le rôle de « bonne fille » pour ses parents, puis d'« épouse épanouie » pour son mari ensuite. Mais au bout de plusieurs années, ce rôle l'avait empêchée d'être à l'écoute de ses besoins profonds.

Il est tout à fait naturel qu'au sein d'un couple, chacun se « nourrisse » des qualités et des manières d'être de l'autre dont il manque. On peut, par exemple, se sentir rassuré par l'autre et prendre plus tranquillement une place au sein de son groupe social. Ainsi, Mélanie qui doutait de ses capacités intellectuelles, admirait la créativité et le talent de son mari, notamment celui de gagner de l'argent et d'être reconnu au sein de la société. Son intérêt pour elle l'avait rassurée et valorisée.

Ce cas nous rappelle également que les normes sociales imposent, implicitement, à toute femme d'être mère et d'assumer pleinement cette fonction très valorisée ; comme s'il était évident pour une femme de désirer un enfant. Si elle ne devient pas mère, son identité de femme est alors remise en question ; le fait de ne pas avoir d'enfant leur donne le sentiment de ne pas être de « vraies femmes ». Par ailleurs, une femme peut utiliser son enfant comme un emblème de réussite sociale, comme un signe de complétude ; son absence peut alors être vécue comme une « tare ». Combien de femmes se sentent handicapées, stigmatisées, sans valeur, parce qu'elles n'ont pas eu d'enfant ? Comme si une femme ne pouvait exprimer sa créativité qu'en portant, en mettant au monde et en élevant un enfant ; il y a pourtant d'autres enfantements possibles. Cela n'empêche évidemment pas qu'une femme puisse trouver un véritable épanouissement personnel dans son rôle d'épouse et de mère, en dehors de sa fonction sociale.

Pourquoi maintenant ?

Parce que nous n'avons plus le choix ! Le processus de maturation physique et psychique nous permet à présent de remettre en cause des façons d'être qui nous valorisaient auprès des autres et nous donnaient, jusqu'alors, le sentiment d'être reconnus. Aujourd'hui nous avons peut-être moins besoin d'exister pour et par les autres, en cherchant à leur être indispensable. De plus, nous sommes fatigués d'être constamment sous pression pour être à la hauteur de nos modèles et d'être en apparence « irréprochables ». Nous savons à présent que nous n'arriverons pas à atteindre l'idéal auquel nous avons rêvé, ni le niveau d'exigence que nous nous sommes fixé.

Lors de cette phase du milieu de notre vie, nous allons être amenés à nous interroger davantage sur notre identité profonde et moins sur ce que nous avons accompli. Dans ce face à face avec nous-mêmes, nos masques risquent de tomber. Des conflits intérieurs émergent au moment où nous prenons conscience de la complexité de notre identité : la conscience manichéenne évolue vers la conscience de notre dualité intérieure – et bien au-delà. Nous sommes alors habités par des doutes et des contradictions : ils manifestent l'accès à une maturité qui consiste à accepter que nous ne sommes pas seulement ce dont nous avons conscience. Cela nous conduit à réviser nos aspirations sociales qui peuvent être en décalage avec nos besoins authentiques. Les remises en question qui en découlent nous conduisent naturellement à modifier notre relation à nous-mêmes, aux autres et au « monde ».

L'enfant retrouvé

Quand Christophe me téléphone pour prendre rendez-vous, je suis saisie par sa voix, à la fois grave et comme voilée. Dans mon cabinet, je rencontre un homme élancé, élégant. Son allure altière et confiante est impressionnante ; il se présente comme quelqu'un qui a tout et n'a besoin de rien. Nous apprendrons au cours de notre travail que derrière cette façade se cachait un enfant terrorisé qui a été abusé dès son plus jeune âge et a dû compter sur ses propres moyens pour se défendre et se construire malgré de multiples traumatismes. Pourquoi veut-il entreprendre un travail analytique ? Apparemment, il est profondément meurtri par la mort de son père avec lequel il avait pourtant une relation très conflictuelle, jusqu'à peu de temps avant sa mort.

En dépit de la rancune profonde qui rongeait Christophe, malgré la rivalité archaïque du père envers son fils, une confiance réciproque s'est installée entre eux au cours des derniers mois de la vie du père. L'amour filial l'a emporté ; ils se sont réconciliés, pardonnés et reconnus. Ainsi, plus proches, dans une intimité tranquille, ils ont pu enfin parler à la fois du passé douloureux, de la mort prochaine du père, et de celle de la mère disparue brutalement dans un accident. Au cours des dernières rencontres avec son père, Christophe a pu enlever son masque d'homme autosuffisant et laisser émerger l'enfant en grand manque de sa maman et de son papa.

Après la mort de son père, Christophe est surpris par l'ampleur de la tristesse qui l'envahit ; il se sent profondément déstabilisé. Il a l'impression de ne plus être le même, mais il ignore qui il est réellement aujourd'hui. Il a du mal à s'investir dans son travail, il se retire de sa famille et de la vie. Tout se passe comme si la mort de son père avait atteint sa propre envie de vivre, comme si, inconsciemment, il avait envie de rejoindre son père dans la mort. Il semble aspiré par le vide que l'absence du père provoque en lui ; les sentiments passionnels, faits à la fois d'amour et de haine pour son père, lui avaient tenu compagnie toute sa vie.

Un jour se produit un déclic : pendant son heure de pause déjeuner, il se promène le long de la Seine et s'arrête devant un groupe de jeunes qui jouent de la musique. Pris par le rythme et la mélodie, il sent remonter en lui ce désir oublié depuis longtemps d'apprendre à jouer du piano, instrument que sa mère aimait tant. De petites bulles de joie, venant de loin, le remplissent peu à peu : il entrevoit un projet possible, un effort, du plaisir, pour lui d'abord, à partager ensuite. Cette prise de contact avec son envie de vivre le réveille, lui permet de réinvestir sa vie professionnelle et familiale, tout en se consacrant à la réalisation de ce désir enfoui.

Cette histoire nous montre comment la relation avec l'autre peut changer à partir du moment où nous nous présentons humblement à lui tel que nous sommes. Une parole « habitée » par le cœur permet parfois de franchir les obstacles au sein d'une relation. Cela devient possible, une fois que nous avons accepté notre propre complexité et nos contradictions, ainsi que celles de l'autre.

Bien souvent, nous faisons le deuil d'une idée toute faite de nous-mêmes ou de l'autre, au moment où nous vivons une séparation, ou la mort de quelqu'un – c'est souvent à cette occasion que tombent nos masques.

Sans masque, nous sommes quand même quelqu'un !

Sans l'enveloppe de nos fonctions professionnelles et familiales, nous pouvons avoir l'impression d'être sans protection, « nus comme des vers de terre ». Sans repères extérieurs, sans carte de visite sociale, nous nous trouvons face à nous-mêmes avec une vague sensation d'angoisse. Dans la mesure où nous avons amplement négligé notre identité intime, nous avons de quoi avoir peur.

Révolte sous le masque

Marie, « la soumise », s'est mariée à dix-neuf ans avec Philippe, un étudiant en médecine. Pour faire vivre le ménage, elle a rapidement arrêté ses propres études de pharmacienne, et s'est mise entre parenthèses en travaillant comme secrétaire. Philippe est aujourd'hui un brillant chirurgien, dont elle assure le secrétariat. Après avoir été au service de son mari pendant des années, s'occupant de toutes les charges de la maison, préparant des dîners sympathiques pour ses confrères, toujours avec le sourire, elle commence à fatiguer. Au fil des années, elle devient de plus en plus amère, ayant l'impression de ne pas vivre sa vie, et d'être uniquement au service de son mari.

Un incident fait basculer l'équilibre précaire sur lequel était fondé ce couple. Un soir, son mari arrive, sans avoir prévenu sa femme, en compagnie de trois illustres confrères. Elle est censée préparer un dîner pour tout ce monde, en épouse dévouée et bonne cuisinière. Elle est d'autant plus choquée par le comportement désinvolte de son mari que pendant ce dîner, ni lui, ni ses « chers confrères » ne lui adressent la parole. À un moment donné, elle n'en peut plus. Juste avant le dessert, sans savoir ce qui lui arrive, prise d'un accès de rage terrible, elle attrape la nappe et la tire brutalement, entraînant tout ce qui s'y trouve. Son mari la regarde incrédule, pendant qu'elle crie, à haute et distincte voix, qu'elle en a assez d'être sa servante, sa bonne à tout faire et qu'elle est aussi une personne.

À la suite de cet incident, elle commence un travail thérapeutique et comprend peu à peu à quel point elle s'est coulée dans le rôle de l'épouse parfaite. Elle prend conscience de tout ce qu'elle a sacrifié de sa propre personne, jusqu'à renoncer à un épanouissement professionnel et à la maternité. « L'explosion » à l'occasion de ce dîner aura des conséquences importantes. Un rééquilibrage de leur couple devient vital. Marie convainc son mari de la nécessité pour elle de reprendre ses études ; il accepte de prendre sa part dans la vie domestique de sa famille. Elle change d'orientation professionnelle et choisit de faire des études de puéricultrice. À la fin de sa formation, elle intègre un poste à l'hôpital et se sent enfin en paix avec elle-même.

Marie a eu besoin d'un geste et de paroles violentes pour se dégager du masque qui l'emprisonnait. Dans un premier temps, c'est la sensation corporelle d'enfermement qui a provoqué sa rage et de fortes revendications ; sa réaction a été brutale car elle ressentait un besoin vital de prendre sa place de « sujet » face à son mari. Tout d'abord, elle a reproché à celui-ci de l'avoir enfermée dans son rôle d'épouse, pour ensuite prendre en compte sa propre responsabilité dans cette situation. Heureusement, elle n'a pas « jeté le bébé avec l'eau du bain » et a su se remettre en question, s'interrogeant en particulier sur ses inhibitions concernant son propre projet professionnel et son désir d'enfants. Elle n'a pas fait porter à son mari toute la responsabilité de sa stagnation.

Son accès de colère, né d'une frustration présente depuis de longues années, a sonné comme un réveil douloureux, pour l'un comme pour l'autre. Il a aussi entraîné plus tard des bénéfices importants pour chacun : elle a pu se confronter à la réalité et faire de grands efforts pour atteindre son objectif professionnel, parfois au prix de sacrifices et lui, après une phase de frustration due au fait de ne plus avoir « sa petite femme » à disposition, a pu apprécier d'avoir une vraie partenaire à son côté.

Finalement, il est indispensable de nous affranchir de nos masques pour avoir accès à nos ressources insoupçonnées. Cette démarche est souvent douloureuse car notre personnage social avait, entre autres, pour fonction de compenser le manque d'estime de nous-mêmes, d'exprimer ce que nous avions intériorisé de nos modèles, de nos idéaux, tout en faisant obstacle à notre identité profonde. Mais quoi qu'il en soit, pour devenir un sujet à part entière, nous ne pouvons pas éviter le sacrifice de cette identification à un personnage.

Le processus de maturation, à mi-chemin de notre vie, est bien engagé. À l'heure qu'il est, nous sommes suffisamment mûrs pour affronter nos contradictions, et pour prendre conscience de la stratégie de défense qui nous permet de nous dissimuler derrière nos masques. Nous sommes à présent suffisamment structurés pour pouvoir nous laisser porter par le processus de transformation qui peut pourtant nous déstabiliser fortement. Cette mutation est en cours, elle poursuit son chemin. Il ne s'agit pas d'un acte de volonté consciente, ni d'ailleurs d'un effort, mais plutôt de nous mettre en position pour accueillir humblement et sans jugements *a priori*, ce qui émerge en nous ; à commencer par la « craquelure » de notre façade sociale – à l'instar d'un poussin qui sort de l'œuf. Nous pourrons ainsi entrevoir notre être « thésaurisé » : cet être insoupçonné de nous-mêmes, contenant tous les possibles, qu'ils soient positifs ou négatifs.

Dialogue intime

- Qui êtes-vous en dehors de votre rôle de fille ? de fils ? de sœur ? de frère ? d'épouse ? de mari ? de mère ? de père et de votre fonction professionnelle ?

  ....

  ....

  ....

  ....

- Avez-vous, dans votre vie, cherché à combler le désir de vos parents ou à prendre une position contraire ?

  ....

  ....

  ....

  ....

- À quoi ou à qui vous identifiez-vous ?

  ....

  ....

  ....

  ....

- Par quelle fonction sociale ou professionnelle vous sentez-vous particulièrement valorisé(e) ?

  ....

  ....

  ....

  ....

- Quels sont les aspects de vous-même que vous estimez ?

....

....

....

....

- Quels sont ceux que vous rejetez ?

....

....

....

....

- Quelles facettes de vous-mêmes avez-vous récemment découvertes ?

....

....

....

....

- Appréciez-vous la personne que vous êtes devenue ?

....

....

....

....

- Imaginez-vous dans un pays étranger ; sans en parler la langue, que pensez-vous découvrir de vous à cette occasion ?

  ....

  ....

  ....

  ....

Chapitre 5

Bonjour les complexes !

*« Ce n'est pas si facile de devenir ce qu'on est,
de trouver sa mesure profonde. »*
Albert Camus

À mi-chemin de notre vie, nous avons passé en revue notre parcours, fait le deuil d'une certaine jeunesse et constaté à quel point le temps qui nous est imparti était réellement limité. Un événement intérieur ou extérieur, un incident corporel ou une rupture quelconque, peut nous faire perdre un équilibre précaire et nous inciter à entamer un retour sur soi.

Des composantes inconscientes de notre personne continuent à se révéler au cours de cette époque. Nous ferons alors face aussi bien aux inscriptions de souffrance, d'obstacles, de surprises et de chocs, qu'aux potentiels ensevelis. Cette remise en question fera émerger nos « complexes », une « dépression », des aspects de notre

« ombre » et révélera l'état de l'« *anima* » et de l'« *animus* ». Il ne s'agit pas de concepts intellectuels mais d'une réalité psychique concrète, palpable, révélée notamment à l'occasion de la relation avec « l'autre », qui nous habite, nous dirige à notre insu et nous bouleverse, renversant nos valeurs habituelles. Commençons donc par « les complexes ».

Qu'est-ce qu'un complexe ?

Après avoir passé beaucoup de temps à nous adapter aux exigences et aux attentes de notre groupe social et familial, parfois au prix d'une aliénation profonde, nous pouvons maintenant nous tourner vers l'arrière-plan de notre personnalité qui est, entre autres, peuplé de nos complexes.

Ces freins qui nous gênent

Un complexe témoigne d'une incompatibilité entre notre image consciente et les forces inconscientes qui nous habitent[1]. Les conflits inconscients qui en découlent entravent notre épanouissement et pèsent sur nos relations aux autres ; ils se manifestent par une gêne, un malaise, une retenue injustifiée, un symptôme physique, des freins intellectuels ou des inhibitions dans les relations avec les autres. Dans la mesure où les conflits nous « échappent », ils deviennent des obstacles intérieurs qui « flottent » comme des îlots autonomes au sein de notre monde intime, sur lesquels nous butons sans cesse. Ces îlots tendent à inhiber l'énergie vitale – nécessaire pour gérer notre quotidien, pour assurer notre bien-être et pour laisser émerger nos potentialités. Les complexes agissent donc comme des corps

•••/

1. Jung C.G., *L'homme à la découverte de son âme*, Albin Michel, 1987, p. 187-190.

\•••
étrangers dans le champ de la conscience, et perturbent l'équilibre de notre vie : quelque chose nous « dé-range » dans notre relation à nous-mêmes et aux autres.

Lorsqu'un des pôles contradictoires, composé de conflits entre nos désirs et nos aspirations, est refoulé dans l'inconscient, des symptômes récurrents ou des inhibitions psychiques perturbantes peuvent en résulter. Au mieux, ces symptômes nous signifient que nous devons élargir notre champ de conscience pour être en lien de façon plus entière avec notre être intime et les autres.

Ainsi, quelqu'un peut par exemple prendre conscience que sa difficulté à s'exprimer en public renvoie à un incident de son enfance : son père s'était moqué de lui à propos d'une confusion de mots alors qu'il lui récitait un poème pour son anniversaire ; il s'était senti humilié devant toute la famille. Pouvoir se souvenir de cet incident nous en libère en partie. Un autre pas sera accompli lorsque nous ferons l'effort de cesser de ressasser cette humiliation, de la dépasser, de prendre nos distances avec ce vécu douloureux pour rompre avec ce statut de victime.

Nos complexes se mettent donc en place à l'occasion d'expériences personnelles « indigestes », et forment des fragments psychiques « émotionnellement chargés[1] ». Fait important : ils se trouvent au carrefour de nos expériences personnelles et d'un noyau impersonnel, archétypal, qui nous dépasse ; ainsi, au centre du complexe

1. Jung C.G., *L'homme à la découverte de son âme*, op.cit., p. 177.

maternel, se trouve l'archétype de la mère. Le complexe maternel est lié aux expériences qu'une personne a faites de sa mère, tandis que l'archétype de la mère s'enracine dans l'expérience collective de l'idée, au sens platonicien[1], de la mère. À la racine de la formation d'un complexe, se trouve donc une structure archétypique.

Ainsi, il ne suffit pas qu'une personne prenne conscience du versant personnel de son complexe pour trouver un équilibre, car elle peut continuer à être sous l'influence d'une puissance émotionnelle inconsciente et intense qui trouve sa source dans une empreinte psychique collective qu'elle ne maîtrise pas.

Faire connaissance avec nos obstacles intérieurs

Une part obscure de notre personnalité, un complexe, par définition inconnu, nous interdit d'agir et de vivre comme nous le souhaitons vraiment. Freud a élaboré le complexe d'Œdipe, Adler le complexe d'infériorité.

Jung a fait l'hypothèse qu'il existait d'autres complexes ; tous se manifestent par des symptômes physiques ou psychiques qui prennent leur source dans les conflits entre des forces opposées et inconciliables du conscient et de l'inconscient qui nous perturbent.

L'origine du complexe est toujours liée à un traumatisme, un choc émotionnel à la suite duquel une partie de soi est scindée, séparée de la conscience. Des souffrances vécues au cours de notre petite

1. Platon développe la théorie des « Idées » dans *Phédon* et *La République*. Il la remanie dans *Le Sophiste*.

enfance, une éducation imposée comme un dressage, une transmission « transgénérationnelle[1] » problématique ou encore notre héritage physique et psychique participent à la formation de nos complexes. Quand nos expériences affectives ont été particulièrement douloureuses, notre processus de maturation reste gelé en ces lieux psychiques et peut nous empêcher d'être pleinement nous-mêmes.

Le « complexe-mère »

Selon Jung, nous sommes structurés autour du lien initial avec la mère ; notre psychisme en garde une empreinte profonde qui se cristallise autour d'un « complexe-mère ». Ces premières expériences de vie, ce complexe précoce reste le plus tenace dans l'organisation psychique[2]. Dans un premier temps, enfant, nous absorbons le psychisme conscient et inconscient de la mère. Pour devenir ensuite un être « unique et original », nous devons nous séparer peu à peu de cette figure maternelle puissante, de l'image grandiose d'une « mère-monde » dans laquelle nous sommes inclus, d'une identité archaïque où nous faisons « un » avec cette représentation inconsciente[3].

1. Carl Gustav Jung écrit dans *Ma vie. Souvenirs, rêves et pensées* qu'il y a « une communauté de destin qui nous relie à nos parents et à nos ancêtres, comme si nous devions poursuivre ou éclaircir des questions et problématiques laissées en suspens ». Anne Ancelin-Schutzenberger ajoute dans *Aïe mes aïeux*, qu'il nous appartient de sortir de l'identification à ces problématiques et de cesser de « payer les dettes » du passé.
2. Guy-Gillet G., « Point de vue divers sur les origines du complexe-mère », *Cahiers jungiens de psychanalyse*, n° 60, 1989, p. 26.
3. La mère, être premier pour son enfant, représente l'inconscient ; la conséquence en est importante. Si la relation avec la mère a suscité des problèmes graves pour l'enfant, l'adulte risque d'être méfiant à l'égard de l'inconscient et de son monde interne.

Le cordon ombilical a été coupé à la naissance, mais nous devrons continuer à nous séparer de cette mère originelle tout au long de notre vie[1]. Nous devons nous différencier de l'unité initiale que nous avons formée avec elle, prendre de la distance avec les désirs imaginaires ou inconscients de la mère réelle, ainsi qu'avec la figure toute-puissante, bénéfique ou maléfique, que nous avons projetée sur elle. Alors, peu à peu, des images plus humanisées de la mère, du père, de la fratrie, puis du groupe social se mettent en place. Le vécu initial entre la mère et l'enfant colore, en particulier, toutes les rencontres et relations affectives, pour l'homme comme pour la femme.

Cependant, il ne faut pas sous-estimer l'importance du père dans la structuration de l'humain. Il a tout d'abord pour fonction fondamentale de protéger sa femme, au cours de la grossesse et des mois qui suivent. Cela est indispensable pour qu'elle puisse assumer sa fonction maternelle le plus tranquillement possible. Il a, ensuite, la fonction de « tiers séparateur » : assurant, au moment juste, la coupure entre la mère et l'enfant, incitant ainsi l'enfant à sortir de la relation duelle avec sa mère, faute de quoi il risquerait de rester dans une indifférenciation et un déséquilibre psychique profond. La capacité grandissante de l'enfant à sortir peu à peu de la relation fusionnelle avec sa mère fait qu'il accède à la relation à trois. Il trouve progressivement sa juste place entre sa mère et son père et sera donc ensuite à même de la trouver au sein de son groupe social.

1. Teboul-Wiart H., « Le complexe-mère », *Cahiers de Psychologie jungienne*, n° 4, 1975, p. 18.

Enfin, le père est garant de la protection et de la réassurance de l'enfant : il lui transmet la loi des hommes. Après avoir été l'agent de séparation d'avec la fusion maternelle, le père doit transmettre à son enfant les valeurs morales, culturelles et religieuses qu'il a lui-même reçues de la lignée des hommes.

Ces fonctions paternelles peuvent être assurées par des hommes autres que le père, mais aussi par des femmes, à commencer par la mère. Il reste évident qu'un enfant grandira avec un maximum de chances d'équilibre psychique et de vitalité, s'il se trouve au sein d'un couple épanoui ; la mère assumant sa fonction maternelle et le père assumant sa fonction paternelle, tous deux reconnaissant de façon réciproque leur spécificité et leur complémentarité.

Sortir de la relation duelle avec la mère est donc indispensable pour avoir accès à soi-même ; ce processus passe, *via* le père, par la différenciation et l'initiation à l'ordre social. Nous ne pourrons accéder à une maturité psychique que dans la mesure où nous ne sommes pas maintenus dans une relation fusionnelle par un de nos parents, qui nous utiliserait ainsi pour « perpétuer sa propre immaturité[1] ». Sous prétexte d'être le fils ou la fille préféré(e), un enfant peut parfois se trouver retenu dans une prison plus ou moins dorée, qui lui interdira de reconnaître son propre désir, son propre chemin de vie, tout occupé qu'il est à réparer les blessures de ses parents.

1. Thibaudier V., « Les filles d'Œdipe sont fatiguées », *Cahiers de Psychologie jungienne*, n° 69, 1991, p. 57.

Prisonniers de la mère absente

Robert est tombé follement amoureux de sa femme Lucie quand ils avaient respectivement dix-neuf et dix-huit ans. À l'époque, c'était un jeune homme sportif, toujours de bonne humeur. Lucie était d'apparence douce et fragile. Elle aussi est tombée sous le charme de Robert, touchée surtout par son entrain et les attentions qu'il lui portait. Il lui apportait une joie de vivre. Leur coup de foudre réciproque a rapidement conduit au mariage ; une fois leurs études terminées, ils ont très vite eu deux enfants. Peu de temps après ses accouchements Lucie, diplômée de lettres, a trouvé un travail comme bibliothécaire. Robert est devenu avocat dans une compagnie d'assurances. Il a maintenant d'importantes responsabilités et beaucoup de travail. Pourtant, il s'occupe de tout dans leur vie commune, des inscriptions diverses des enfants à l'organisation des loisirs et des vacances. De plus, il est aux petits soins pour sa femme, déploie une grande énergie pour lui faire plaisir, pour la surprendre et pour que tout se passe au mieux dans la maison.

Un jour, alors qu'il regarde un match de tennis à la télévision, sa femme lui demande s'il a pensé à changer l'ampoule de leur chambre. Soudain, Robert explose de colère, lance son verre qui se brise contre l'appareil de télévision et déverse un torrent d'insultes sur sa femme, prise au dépourvu. Robert et Lucie sont pétrifiés de surprise et ne comprennent pas ce qui leur arrive.

Cette scène, suivie d'autres, perturbe beaucoup Robert qui éprouve alors le besoin de comprendre ce qui se passe et entreprend une thérapie. Peu à peu, il découvre que sa femme jouait, au sein de leur relation, le rôle de l'enfant gâté qui pouvait tout demander sans jamais rien donner en retour. Il se rend compte également que son masque protecteur et aimant lui servait surtout à être apprécié ; en arrière-plan s'accumulaient frustrations et rancœurs. Il ne se sentait pas assez reconnu pour sa générosité, ses attentions, sa tendresse, son amour et son efficacité. Son apparence de

« superman » cachait en réalité son besoin de jouer le rôle de la « bonne mère » et compensait ainsi le manque d'attention maternelle qu'il avait vécu enfant. L'incident violent avec Lucie lui a permis de prendre conscience que leur lien s'amarrait à un vécu commun d'abandon par leurs mères. L'heure était venue pour chacun d'eux de se prendre en charge en tant qu'adultes autonomes.

Nous avons vu un exemple de l'impact d'un complexe maternel, « débusqué » à l'occasion d'un conflit douloureux au sein d'un couple. Leur histoire nous fait comprendre que lorsqu'un complexe est puissant, il exerce une emprise incoercible ; ce n'est qu'en prenant conscience de sa racine que nous pouvons nous en libérer. Dans le cas de Robert et de Lucie, leur confrontation brutale s'est avérée constructive puisqu'elle a pu « désamarrer » l'ancrage au « complexe-mère ». Cette découverte bouleversante a transformé la dynamique de leur couple.

Prenons un autre exemple : à son insu, un homme peut avoir une demande presque tyrannique à l'égard de sa compagne. Il exige, sous peine de conflits et de mauvaise humeur, qu'elle devine ses besoins, qu'elle satisfasse ses désirs sans qu'il ait à les exprimer. Elle est censée, de plus, se souvenir de ses moindres préoccupations et l'écouter « dérouler » les détails de sa journée, comme une mère le ferait pour son enfant.

Le complexe paternel a bien sûr également un impact important sur nos relations. Une femme peut ainsi avoir des exigences démesurées à l'égard de son compagnon : il doit avoir bonne allure, être brillant en société, faire une carrière exceptionnelle, tout en continuant à lui faire la cour. En fait « son homme » doit correspondre à l'image qu'une petite fille aurait d'un père idéal ; elle est fière qu'il soit beau, fort et intelligent et ravie d'être « sa princesse ». Ces exigences seront d'autant plus lourdes que cette femme aura été très déçue par son père en grandissant.

Nous voyons à quel point les complexes formés à partir de notre expérience infantile avec nos parents peuvent devenir des obstacles dans nos liens avec les autres. Adultes, nous avons moins besoin de demander aux autres de compenser nos manques. En revanche, c'est le moment propice pour mettre en œuvre une fonction parentale intérieure : c'est-à-dire à devenir une bonne mère et un bon père pour soi. Mûrir consiste à cesser d'accuser les autres de nos handicaps et de nos échecs, et de rompre avec l'enfant revendicateur qui reste accroché à des reproches à l'égard de ses parents, de sa famille et de la société.

Prisonniers d'un complexe, nous sommes aliénés. Surviennent alors des « états d'âme », des accès de mauvaise humeur, ou encore des troubles de mémoire et d'attention. C'est le lot de tout être humain : chacun d'entre nous est « complexé ».

Le complexe fraternel

Comme nous l'avons vu, les complexes émergent à partir de conflits inacceptables entre notre monde conscient et inconscient. Ces complexes se mettent en place au fur et à mesure de la structuration de notre personnalité, à partir des liens qui se construisent entre parents et enfants d'une part, et des relations entre frères et sœurs d'autre part. Ces dernières, intenses et ambivalentes, tissées d'amour et de haine, marquent à tout jamais la fratrie. Leur particularité réside dans l'expérience, bien souvent douloureuse, de la rivalité ; elle est alors projetée dans les rapports avec les autres, à l'insu du sujet, et peut se révéler à la moindre occasion. Les relations fraternelles génèrent certes des conflits, mais elles permettent également l'apprentissage d'un lien affectif érotisé[1], prémisses des relations de séduction.

Ma pratique clinique m'a permis de constater que le frère ou la sœur est, par son existence même, un obstacle à la relation qui se veut exclusive avec la mère, le père ou les deux parents. En fait, le frère ou la sœur, perçu comme un égal, sur un même plan horizontal, contrairement à la verticalité du lien avec les parents, renvoie une image à la fois du semblable et de l'autre ; c'est l'initiation à la relation à autrui. La relation fraternelle est fondatrice à la fois dans la construction de l'identité et des capacités de liens avec les autres, notamment lors d'une grave défaillance parentale.

Les complexes fraternels jouent un rôle important dans la structuration de l'identité, surtout lorsqu'un des deux parents est absent physiquement ou psychiquement. La fratrie peut apporter dans ce cas une expérience structurante, car le sujet est forcément confronté à son frère ou à sa sœur qui, tout en étant semblable, est différent de lui. L'élan fraternel est très fort ; c'est une énergie intense qui peut, dans certains cas, se substituer à l'amour parental qui a fait défaut.

1. Brusset B., « Le lien fraternel et la psychanalyse », *Psychanalyse à l'Université*, Tome 12 – Nr. 45, 1987.

Dans le cas de la mort d'un frère ou d'une sœur, le retentissement du complexe fraternel est particulièrement douloureux. Au cours d'un travail analytique, il arrive qu'un analysant prenne conscience de l'impact de la figure idéalisée d'un frère ou d'une sœur, morts. Cela peut provoquer l'angoisse indicible d'être soi-même entraîné dans la mort. L'identification à un frère ou une sœur imaginaire, double de soi, peut déclencher un déséquilibre psychique important et rend, de plus, le deuil impossible.

Combien de personnes souffrent gravement de l'idéalisation d'un frère ou d'une sœur morte ? Il faut parfois des décennies pour qu'elles puissent enfin se donner le droit d'exister et cesser de fantasmer qu'il faille mourir pour gagner une place préférentielle auprès de la mère ou des parents. Mais il n'est pas nécessaire qu'un frère ou une sœur soit mort pour que l'on souffre de l'idéalisation dont il ou elle bénéficie. Cette situation, ressentie comme injuste, peut être si pesante que nous aurons du mal à nous autoriser à réussir là où la sœur ou le frère est si manifestement supérieur.

D'autres facettes du complexe fraternel peuvent intervenir : le frère, l'autre, semblable et différent de nous, peut être un miroir déformant. Il peut aussi représenter notre contraire, un aspect de notre personnalité que nous avons tendance à rejeter et que nous voyons, par contre, avec une extraordinaire lucidité et un agacement certain, chez l'autre. Le frère ou la sœur peut également exciter notre jalousie ; nous pouvons leur envier ce que nous n'avons pas accompli, ou ce qui nous semble hors de notre portée.

N'oublions pas que les relations avec les autres portent toujours l'empreinte des relations fraternelles, au sein desquelles sont inscrits nos complexes. Le rang et la place au sein de la fratrie ont une influence importante sur la manière dont nous nous situons parmi nos collègues et amis, au sein de notre groupe social et professionnel, mais aussi au sein de notre couple. En tant qu'aîné, nous aurons par exemple tendance à nous sentir responsable et à occuper des positions de pouvoir. Les benjamins, habitués à être l'objet d'une attention attendrie, s'attendent souvent à tout obtenir facilement des autres ; ou au contraire à être délaissés, pour ceux qui n'ont pu bénéficier de l'attention de parents débordés et épuisés.

Aînée en toutes circonstances

Liliane, célibataire, technicienne dans un laboratoire pharmaceutique, vient me voir pour régler « un grave problème relationnel », qui l'a souvent mise en difficulté dans sa vie professionnelle. Elle est compétente, rigoureuse, mais ses relations avec ses collègues sont toujours conflictuelles. Dans un premier temps, elle a pensé « être tombée » sur des collègues et supérieurs hiérarchiques très particuliers, mais à force de changer de poste et de rencontrer toujours les mêmes difficultés, elle s'est rendu compte qu'elle induisait en partie cette situation.

Au cours de notre travail, elle prend conscience que toute situation de groupe la met mal à l'aise. Elle a toujours peur de « recevoir des coups ». Pour prévenir ces attaques, elle a pris l'habitude de se présenter d'une manière fermée et presque hostile : c'est justement cette attitude qui provoque l'agressivité en retour. En fait, elle instaure une rivalité féroce avec les autres et exige une reconnaissance impossible à satisfaire.

Peu à peu, elle arrive à comprendre l'origine de son profond malaise : en l'absence d'une réelle disponibilité des parents, son enfance a été marquée par le chaos destructeur qui régnait dans la fratrie, qu'elle ressentait comme un univers « sans foi ni loi ». Aînée de ses frères et sœurs, elle avait inconsciemment repris cette place dans le milieu professionnel, cherchant à occuper une position de pouvoir et à imposer ses points de vue. Il lui était d'autant plus difficile de renoncer à cette supériorité *a priori* qu'elle ne connaissait pas le plaisir d'une relation d'échange d'égal à égal. Elle n'avait jamais encore été simplement accueillie avec bienveillance par quelqu'un, surtout quand elle laissait apparaître sa fragilité.

Lorsque nous sommes amarrés, attachés « corps et âme » à un complexe puissant, nous pouvons nous sentir pris dans un engrenage et agir de telle sorte, inconsciemment bien sûr, que nos complexes nous « reviennent en boomerang ». À moins de prendre conscience de leur origine, nous restons prisonniers de la répétition d'un comportement aliénant pour nous-mêmes et pour les autres.

Mus par nos complexes infantiles, nous avons tendance à rendre les autres responsables de nos manques, sans assumer nos propres responsabilités, dans nos échecs comme dans nos réussites d'ailleurs. Lorsque les complexes sont chargés d'une très forte tonalité affective, il en résulte une vision déformée de notre réalité ; nous avons alors tendance « à tourner en rond » autour de nos complexes sans pouvoir nous en libérer.

Rêves et complexes

Nous avons vu que les complexes sont provoqués par nos conflits relationnels, mais ils apparaissent également, personnifiés, dans nos rêves.

Ce que nous disent les rêves…

Messages symboliques de notre inconscient, nos rêves se fraient un chemin vers notre conscience pour nous faire connaître des dimensions inconnues de nous-mêmes et qui demandent, à présent, à être intégrées. Il ne s'agit pas, évidemment, de les prendre au pied de la lettre mais de chercher leur sens caché. Même si les images d'un rêve peuvent paraître absurdes, elles contiennent un message et un sens importants à déceler[1]. Bien souvent, les images et les personnages de nos rêves ont une fonction de compensation ou d'orientation par rapport à notre position consciente et rationnelle. Ils représentent symboliquement « l'expression la meilleure possible pour quelque chose d'inconnaissable ou qui n'est pas encore connaissable[2] ». Contrairement à Freud, Jung conçoit les rêves non seulement comme pouvant expliquer le « pourquoi » des choses, mais aussi comme une invitation pour le rêveur à dialoguer avec une orientation nouvelle, un nouvel objectif. « Qu'est-ce que ce rêve me demande de reconnaître de moi pour vivre de manière plus entière ? » « Qu'est-ce que ce rêve anticipe de mon évolution possible »[3] ?

De plus, un rêve n'est pas seulement la réalisation d'un désir inconscient, mais « symbolise la situation actuelle de l'inconscient[4] ». En fait, il peut nous inciter à reconnaître un potentiel négligé ou encore des facettes peu agréables de notre personnalité jusque-là projetées sur d'autres. Une fois que nous aurons identifié et intégré les aspects incarnés dans le rêve, nous cesserons de les projeter sur les autres.

1. Jung C.G., *Métamorphoses de l'âme et ses symboles*, Université Georg et Cie, Genève, 1973, p. 53.
2. Jung C.G., *Réponse à Job*, Buchet/Chastel, 1964, p. 179.
3. Dorly C., « Les territoires du rêve », *in Colloque : Jung et le rêve*, octobre 2008.
4. Humbert E., *Jung*, *op. cit.*, p. 27.

Nos rêves sont donc souvent habités par nos complexes sous des formes symbolisées : des personnages en sont les réceptacles, actualisés en fonction des événements de notre vécu. Dans la mesure où un rêve nous informe d'un de nos complexes, persiste souvent, au réveil, une empreinte émotionnelle et une sensation de malaise.

S'acquitter de ses ambitions intellectuelles

Anne, une femme brillante de quarante-cinq ans, ne cesse d'accumuler les diplômes ; son besoin de reconnaissance semble insatiable. En dehors du travail requis pour son poste à l'université, sa vie est spartiate, sans distraction. Elle est uniquement concentrée sur ses travaux de recherche auxquels elle consacre ses soirées, week-ends et vacances. « Sur-occupée », elle fuit de toute évidence son monde interne. Une fois son poste à l'université obtenu, Anne est confrontée au vide de sa vie et à son non-sens ; elle ressent un « manque à être » qu'elle a fui jusque-là par son investissement intellectuel.

Un jour, elle rapporte un rêve dans lequel elle est la mère d'un enfant trisomique. Anne est étonnée d'avoir fait ce rêve et n'en comprend pas le sens, d'autant plus qu'elle n'est pas en situation d'avoir un enfant. Elle n'a pas de mari, pas d'amant, peu d'amis, seulement un « grand frère agrégé ». La seule chose qu'elle peut en dire est que « pour rien au monde elle ne pourrait supporter d'avoir un enfant débile ».

Après un travail d'élaboration, nous avons pu entrevoir qu'elle ne cessait de se poser en rivalité avec les hommes. Cet enfant trisomique représentait peut-être le contraire de son idéal masculin intellectuel ; il s'enracinait dans son complexe d'infériorité à l'égard de son frère. En fait, ses parents avaient distribué les rôles des deux enfants d'une manière caricaturale : le garçon devait être brillant et la fille, jolie. Anne en avait gardé un complexe d'infériorité intellectuelle par rapport à son frère.

Anne a suffisamment approfondi sa connaissance d'elle-même pour faire face à son complexe intellectuel, personnifié par l'enfant trisomique. Elle est prête à accueillir cette dimension et à accepter cette image dévalorisée. Certes, ce rêve la déstabilise, mais en même temps il lui permet d'entrevoir d'autres facettes de sa personnalité, qu'elle avait fuies auparavant. Réceptive au message de ce rêve, elle entreprend d'élargir ses centres d'intérêt. Elle se rend compte que toute sa vie a été « guidée » par le désir inconscient de compenser son sentiment d'infériorité ; rien d'autre ne comptait que de réussir intellectuellement. De ce fait, sa vie relationnelle, culturelle et artistique est pauvre ; sans compter qu'elle a négligé son corps, resté maladroit.

Ce rêve lui ouvre de nouveaux horizons. Elle commence à s'intéresser aux cours de danse – où elle se sent « débile » –, à des chorales – où elle chante faux –, et à s'autoriser des plaisirs simples. Comme un enfant, elle a envie de goûter à tout ce qui se présente. Elle fait le plein de cet enfant en elle qui a tant manqué de jeux et d'espace.

L'exemple d'Anne nous montre que ce rêve « l'invitait » à ne plus s'investir uniquement dans son intellect, son monde rationnel, mais à s'ouvrir à ses sentiments et à permettre à son corps d'être plus vivant.

Ainsi, le langage symbolique de nos rêves peut être très enrichissant : si nous acceptons d'écouter et de contempler les signaux qu'ils nous envoient, ils peuvent être de précieux indicateurs à la fois sur les complexes qui nous inhibent et sur la manière dont nous pourrions sortir de leur emprise.

Le complexe social

Des événements de notre vie nous confrontent à nos limites, nous imposent une réorientation, nous incitent à aller au-delà de nos complexes et des craintes qui nous limitaient jusque-là. Il est étonnant par ailleurs de constater que beaucoup d'entre nous déploient une énergie immense pour réussir mais rencontrent à chaque étape, comme par hasard, un accident, une maladie, un événement qui les empêchent d'aller jusqu'au bout.

Ainsi, notre envie de « dépasser » la réussite professionnelle de nos parents peut avoir comme origine une rivalité constructive. Elle peut également trouver sa source dans un complexe social dû au milieu « défavorisé » dans lequel nous avons grandi. Dans ce cas, notre désir de réussir peut être conflictuel ; il peut être contrecarré par une culpabilité latente à l'idée de laisser nos parents et notre milieu social derrière nous et ainsi de trahir, en quelque sorte, notre lignée.

Coupable de réussir

Lucien, d'origine modeste, se trouve mal à l'aise dès qu'il rencontre une personne qui lui semble appartenir à un milieu « supérieur ». Il a pourtant très bien réussi sa vie professionnelle dans la publicité : doté d'un réel talent commercial, il a grimpé les échelons qui l'ont conduit à un poste de haute responsabilité. Un élément l'arrête cependant à chacune de ses étapes : il ne supporte pas d'avoir une femme comme supérieure hiérarchique.

Son histoire révèle qu'après le divorce dramatique de ses parents, les quatre enfants de la famille ont été dispersés. Lucien « atterrit » dans le nouveau couple que forme son père avec une femme très fortunée qui le méprise et l'utilise comme bouc émissaire. Cette belle-mère a une grande fille très intelligente, aînée de Lucien de quelques années, particulièrement douée dans les matières scientifiques. Le garçon vit un calvaire, car à chaque interrogation de mathématiques ou de physique, il est humilié par les remarques méprisantes de sa belle-mère qui souligne l'intelligence supérieure de la fille. Il est submergé de honte et de haine pour cette fille et sa mère. Il en restera marqué au fer rouge.

Dès que l'occasion se présente, il part en province, trouve un travail et se retrouve face à une collègue plus expérimentée que lui. Il se sent menacé dans la répartition des tâches. Lors d'une réunion de travail concernant un projet commun avec elle, il n'arrive pas à prendre la parole au moment d'une prise de décision. Ce sont alors les propositions de sa collègue qui ont l'avis favorable du président. Rentré chez lui, Lucien réexamine les étapes de la réunion ; il rumine tout ce qu'il aurait dû dire et faire au cours de cette journée décisive pour sa carrière.

Derrière le complexe intellectuel de Lucien était dissimulé un complexe social. Il éprouve une sensation d'infériorité *a priori* devant un homme ou une femme « de bonne famille », comme si toutes les valeurs « supérieures » : l'intelligence, la beauté, l'aisance sociale étaient uniquement le privilège de personnes issues d'un milieu favorisé. Aller au-delà de ces *a priori* demande un engagement de la personne entière, car « dénicher » ses complexes nécessite du courage, de l'énergie, de la volonté mais aussi le sacrifice de certains bénéfices secondaires que l'on tirait de cette situation de victime impuissante face à un destin immuable. Entre autres, cela nous engage à nous interroger sur notre projection de toute-puissance de la mère originelle sur toute femme ou sur toute personne en position d'autorité.

Un tremplin pour aller plus loin

Un complexe peut s'exprimer au sein de notre environnement social, mais aussi dans nos relations amicales et intimes. En fait, plus nous nous trouvons en confiance avec les autres, plus nous nous autoriserons à nous exprimer sans détour : notre nature « authentique et primitive » va ainsi émerger, pour le meilleur et pour le pire.

En prendre conscience est un premier pas. Mais ensuite, le chemin d'une réelle transformation sera long car il s'agit, dans un premier temps d'intégrer le sens d'un complexe, puis d'être prêt à vivre les malaises et la déstabilisation engendrés par les prises de conscience qui font vaciller une identité bien différente de celle avec laquelle nous avons vécu si longtemps. Il nous faudra accepter de perdre certains bénéfices valorisants pour notre image – ainsi que notre besoin de pouvoir et de contrôle sur les autres.

Oser dire

Jean a une quarantaine d'années. Tout au long de sa vie, il a eu des difficultés relationnelles, induites en partie par son comportement hautain et dédaigneux envers ses collaborateurs et ses chefs. Instituteur, il entretient de bonnes relations avec ses élèves, mais est en conflit constant avec ses collègues. De ce fait, il change fréquemment de poste. Le dernier d'une fratrie de trois garçons, il se sent infiniment moins beau et intelligent que ses frères et en particulier que son frère aîné. Pour compenser son complexe d'infériorité, il adopte une attitude opposée et se présente *a priori* comme supérieur aux autres.

Il vit avec une femme qu'il aime profondément, mais avec laquelle il affiche la même attitude de supériorité. Après quelques années de vie commune, cette femme n'en peut plus et le met en cause à ce sujet. Il se rend compte alors de l'impact de son comportement et ressent, pour la première fois, des remords d'avoir blessé quelqu'un qu'il aime. Un jour, il ose lui avouer, en toute simplicité, qu'il est désolé de son attitude. D'autant plus qu'il ne se sent pas du tout supérieur à elle, au contraire : il l'admire et l'estime bien plus mûre que lui. C'est pour cette raison, d'ailleurs, qu'il a eu besoin de l'agresser.

Il dépose ainsi « les armes ». Sa femme est très émue de son aveu ; un dialogue vivant et authentique s'installe entre eux. Par la suite, ils se rapprocheront beaucoup. Jean comprend rétrospectivement que son sentiment d'infériorité, son absence de confiance en lui-même était à l'origine de son agressivité blessante. Un voile se lève ; il ressent une tranquillité, une paix intérieure qu'il n'a encore jamais connue. Il découvre qu'il n'est plus constamment en lutte, en proie à des ruminations et des revendications incessantes.

Un complexe peut ainsi être dépassé à l'occasion d'une remise en question authentique au sein d'une relation intime et confiante. Dans certaines conditions, l'énergie muselée jusqu'alors peut avoir une action transformatrice sur le noyau du complexe : oser réussir, oser parler à haute et distincte voix au sein d'un groupe, oser être intelligent, oser être belle, beau, et surtout oser être soi-même sans avoir besoin de se comparer aux autres. Cette période du milieu de vie nous incite à sortir de la stagnation psychique, de la passivité défaitiste et à remettre en question nos croyances toutes faites telles que « je suis comme ça », « ça ne sert à rien », « ça ne marchera jamais ». Chacun de nous peut décider de prendre sa vie en main, en se débarrassant de ce qui a longtemps entravé sa progression, même si cela ne se fait pas sans souffrances et sans sacrifices.

Dialogue intime

- De quelle fragilité avez-vous honte ?

....

....

....

....

- Que vous sentez-vous incapable de faire ?

....

....

....

....

- Avez-vous tendance à penser fréquemment à un événement douloureux de votre enfance ?

....

....

....

....

- Quelle réalisation avez-vous évité en pensant que cela n'en valait pas la peine ?

....

....

....

....

• À côté de quelle réussite êtes-vous passé ?

....

....

....

....

• Êtes-vous prêts à abandonner rapidement une tâche dès que vous rencontrez une difficulté ?

....

....

....

....

• Avez-vous tendance à croire que les autres font bien mieux que vous ?

....

....

....

....

• Avez-vous le sentiment que l'un ou l'une de vos frères et sœurs vous a été préféré par vos parents ?

....

....

....

....

- Quelle activité auriez-vous très envie d'entreprendre ? Quelle appréhension vous en empêche ?

  ....

  ....

  ....

  ....

Chapitre 6

Un rendez-vous inévitable avec la dépression

« En vérité, tu ne sais rien de la sagesse – tant que tu n'as pas fait l'expérience des ténèbres. »

Hermann Hesse

Nous venons de voir combien et comment les complexes peuvent nous perturber. Il peut en être de même avec une dépression non identifiée comme telle. Souvent perçue comme une maladie presque honteuse à cacher, elle peut être appréhendée comme une phase naturelle accompagnant une transformation, une mutation, qui peut nous conduire à nous connaître plus intimement. Elle peut émerger à certains moments significatifs de notre existence, tel que le milieu de la vie.

La dépression : un phénomène « naturel »

La dépression décrite ici n'est pas de nature « pathologique » : il s'agit d'un phénomène « normal » et naturel tant que sa durée et son intensité ne sont pas excessives. On peut la rencontrer soit à l'occasion de la reviviscence d'un manque ou d'une perte grave vécue au cours de la petite enfance, soit lors d'une déstabilisation profonde de notre identité « à l'heure qu'il est ». L'apparition d'un état dépressif sera alors le signe d'un passage indispensable à notre maturation.

À ce stade de notre vie, beaucoup d'entre nous s'approchent de ce qu'ils sont en profondeur, même si cela implique, dans un premier temps, une perte de nos repères habituels. Engloutis dans de sombres nuages, nous traversons une zone à risques, pendant laquelle il est difficile d'imaginer que le soleil continue à briller ailleurs.

Une profonde lassitude nous envahit : nous nous sentons fatigués, sans force. Une partie de notre énergie vitale s'est retirée dans l'inconscient, cet espace psychique habité par des valeurs autres que celles que nous chérissons consciemment. Tout se passe comme si quelque chose nous poussait à revisiter nos convictions conscientes. Nous sommes en quête de valeurs profondes que nous avons perdues de vue pour nous adapter aux exigences, réelles ou imaginaires, des autres.

Le point de vue analytique classique, à commencer par la vision de Freud, considère la dépression comme le rappel d'une expérience douloureuse, partagée par tous les êtres humains : celle des ruptures successives qui séparaient l'enfant de l'unité totale qu'il formait avec sa mère, au début de sa vie. Pourtant, pour accéder à une identité distincte de celle de la mère, il faut se séparer de la relation symbiotique, de la fusion totale avec elle – qui nous donnait l'illusion de former une totalité parfaite et toute-puissante. Le nourrisson est ensuite renvoyé, seul, à son impuissance face à l'angoisse de la mort et aux états dépressifs qui en résultent.

Selon cette conception, les réactions dépressives prennent donc leurs sources dans les toutes premières relations du début de notre vie et traduisent le ressenti d'une angoisse profonde, d'une terreur face à la perte d'une personne indispensable à sa survie. Chacun d'entre nous est ainsi, sa vie durant, sous l'empreinte de la relation symbiotique avec la mère. Il en reste une nostalgie et une aspiration constantes à former à nouveau une totalité parfaite avec quelqu'un, nées de l'illusion que cette totalité peut tout, nous protéger, nous soutenir et deviner nos besoins. Il s'agit non seulement de se sentir en union absolue avec un autre, mais aussi d'être le centre de son monde.

En réalité, nous passons par des périodes de fusion et de « défusion » avec ceux dont nous croisons le chemin. L'état dépressif est le prix à payer pour faire le deuil de la projection du maternel tout-puissant et parfait sur les êtres chers et aimés dont nous sommes amenés à nous séparer, que cette séparation soit initiée par nous ou par l'autre.

Lorsque la relation entre le nourrisson et la mère se passe bien, que la séparation se fait progressivement, que la mère s'adapte suffisamment aux besoins de son enfant tout en respectant ses besoins propres

– y compris celui de se tourner à nouveau, au moment opportun, vers « son homme » – le nourrisson aura le temps de se créer un espace psychique à l'intérieur duquel il pourra se construire. La dépression qui succédera aux séparations progressives d'avec sa mère sera donc structurante.

Mais si la mère est elle-même déprimée, elle sera incapable d'accueillir les pulsions, l'angoisse et la dépression de son enfant. De plus, dans le cas d'une disparition subite de l'un des parents ou d'un rejet brutal, il en résultera pour l'enfant un grave traumatisme. Il restera dans sa structure mentale des séquelles de cette dépression, avec une sensation de vide intérieur et un profond sentiment de dévalorisation.

L'opportunité d'une réorganisation psychique indispensable

La vision jungienne apporte des éléments complémentaires et essentiels à cette compréhension de la dépression. Elle éclaire, certes, le rôle des premiers échanges indispensables entre le bébé et sa mère pour que l'enfant puisse actualiser ses pulsions de vie en une énergie qui lui permette plus tard de devenir un individu original et unique. Elle souligne aussi que tout être humain a besoin de voir dans les yeux de sa mère, premier miroir du monde, le reflet de sa valeur intrinsèque en tant qu'être humain sexué ; car avoir accès à son propre projet de vie n'est possible que dans la mesure où il existe un « juste amour de soi ». À défaut de cette expérience essentielle pour la structuration psychique, des blessures profondes, des failles narcissiques s'inscrivent : elles se manifestent par des troubles de l'image de soi, tantôt surestimée, tantôt dévalorisée. Des traumatismes ultérieurs, mettant en question notre valeur, peuvent nous plonger dans une phase dépressive.

•••/

\•••

Mais la pensée et l'expérience jungiennes ne s'arrêtent pas à l'explication de la dépression comme étant uniquement due à la reviviscence de manques et de souffrances infantiles ; elle n'est pas non plus envisagée comme un mal dont il faut se débarrasser le plus vite possible. L'hypothèse posée est que la dépression serait plutôt le signe d'une réorganisation naturelle, indispensable à une nouvelle dynamique de l'ensemble de notre vie psychique[1]. En découvrir le sens est souvent vital.

Comme nous l'avons vu précédemment (voir chapitre 4, page 57), il peut nous arriver de mettre notre carrière et notre réussite au centre de nos préoccupations et donc de nous négliger ainsi que nos proches. Nous prenons parfois douloureusement conscience de ce à quoi nous avons manqué lorsque les enfants quittent la maison. Heureux sommes-nous s'ils ne sont pas devenus de parfaits étrangers…

Pour d'autres, il y a eu, au contraire, un surinvestissement de la fonction parentale au détriment de leur créativité, d'un espace de réflexion personnelle ou d'un investissement dans le couple, c'est-à-dire dans la relation avec un autre, différent de nous.

Quoi qu'il en soit, le moment où nos enfants s'émancipent et quittent le foyer est un renoncement important pour nous : nous voilà « virés » de notre fonction familiale, en tout cas de celle de « maman » et de « papa ». Certes, nous resterons toute notre vie leur mère et leur père, mais cela implique que nous ayons une attitude différente envers nos enfants. De plus, nous ressentons la

1. Humbert E., « Réflexion sur la dépression », *Cahiers de Psychologie jungienne*, n° 8, 1976, p. 58.

difficulté de devenir et d'être « autre » qu'une mère, qu'un père. En fait, notre résistance à l'évolution naturelle vers l'autonomie de nos « enfants » traduit une anxiété devant la nécessité, pour nous aussi, d'évoluer et de trouver une autre raison de vivre que celle qui passait par la fonction de parent dévoué et fier de ses enfants. Notre identité est alors mise à rude épreuve.

Ainsi, à force de nous investir d'une manière unilatérale dans nos fonctions sociales, professionnelles et familiales, la dépression se rappelle à nous pour nous « inviter » à une réelle quête de nous-mêmes. Une régression dans des couches profondes de notre être, certes, nous déstabilise fortement, mais elle est une étape indispensable pour renaître à nous-mêmes, autrement.

La dépression peut parfois témoigner d'une « perte d'âme » ; elle compense alors l'investissement existentiel qui a étouffé des parts inconnues et importantes de notre personnalité. Elle induit une régression momentanée qui nous incite à réorienter nos attitudes et nos objectifs : notre énergie sera canalisée différemment. Dans ce cheminement vers nous-mêmes, il est important de décoder le sens de la dépression[1] ; dans le meilleur des cas, une voie nouvelle peut s'ouvrir et la dépression marque alors une transition nécessaire vers un changement profond de notre identité.

Une part importante de notre énergie psychique consciente est alors comme aspirée par les profondeurs inconscientes, pour accueillir ces parts négligées ou non encore émergées de nous-mêmes. Il est

1. Humbert E., « Réflexion sur la dépression », *op. cit.*, p. 59.

vital de les intégrer à notre identité consciente pour qu'elle en soit modifiée, qu'elle puisse ainsi se réorganiser, devenir moins dissociée et plus entière. Il s'agit toujours, d'une manière ou d'une autre, de rencontrer « l'autre en soi », à savoir le contraire, l'inconscient, en nous-mêmes. Nous nous lançons dans une conquête périlleuse, à l'instar des héros des mythes ou des contes de fées qui doivent braver des dangers multiples avant d'accéder au trésor.

De plus, il ne faut pas oublier que la dépression se manifeste chaque fois que nous sommes confrontés à des situations nouvelles qui demandent une adaptation liée à l'évolution de notre vie personnelle, familiale, sociale ou professionnelle. Cela arrive toujours à un moment où notre identité est mise en question, et où nous perdons certaines illusions et sommes donc profondément déstabilisés quant à nos repères habituels. C'est précisément le cas lors de la crise du milieu de la vie.

Un chaos potentiellement fertile

Nous pouvons appréhender la dépression comme un chaos potentiellement fertile, un état de transition qui nous invite à réorienter nos objectifs[1]. Elle est donc ce traumatisme indispensable, dont on ne peut faire l'économie, pour devenir soi-même et entier ; elle nous incite à restructurer nos priorités en fonction de nos valeurs propres, à puiser, au fond de nous-mêmes, des richesses que nous avons cherchées à obtenir, en vain, des autres. Plutôt que de nous plaindre d'une vie sociale étriquée, nous pouvons décider de voir

1. Humbert E., « La dimension d'aimer », *Cahiers de Psychologie jungienne*, 1994, p. 38.

davantage nos amis, de nous ouvrir à de nouvelles relations, et de consacrer du temps à des activités que nous ne nous sommes pas autorisées jusque-là : sport, danse, atelier de dessin, cours de cuisine ou de bricolage.

Ainsi, c'est souvent par le « hasard » d'une rencontre ou de circonstances particulières que nous laissons advenir en nous un désir que nous ne nous connaissions pas : celui par exemple de marcher longuement dans la nature, en observant les variations des saisons. Jusque-là nous nous ne sommes pas « autorisé » ces promenades parce qu'elles nous rappelaient les sorties obligatoires de tristes dimanches, en famille. Pour d'autres, ce sera le plaisir de chanter : l'investissement dans leur carrière les avait empêchés d'approfondir leurs dons pour la musique et le chant.

Ce sont les premiers signes de vieillissement de notre corps, cette enveloppe si précieuse, qui provoquent bien souvent l'entrée dans la dépression. Notre image corporelle commence à être « cabossée » et attaque notre estime de nous-mêmes ; de plus, la fatigue que nous commençons à ressentir nous donne l'impression d'être vieux avant d'avoir vraiment vécu notre vie. Noyés dans le complexe de « l'éternel adolescent », restés dans l'identification au jeune homme qui restera tout-puissant à tout jamais, ou à la jeune fille éternelle, certains n'envisagent pas de joie possible au-delà de la séduction naturelle de la jeunesse.

Auparavant nous faisions attention à notre corps pour faire gonfler nos muscles, sculpter nos formes, éviter l'embonpoint, combattre la cellulite, préserver la « plastique » de notre silhouette. À présent, le sport ou toute activité physique a un autre objectif : le simple plaisir d'être en bonne santé et de se sentir vivant. Évitons de nous enfermer dans un cercle vicieux : notre fatigue peut nous servir de prétexte pour bouger de moins en moins, alors que c'est justement le corps en mouvement qui permettrait de nous relier à la joie d'être vivant, et à notre énergie vitale.

Il ne s'agit pas ici de minimiser la souffrance de la dépression, ni les risques qui en découlent. Nous nous sentons perdus, coupés des autres, incapables de nouer des liens qui fassent sens ; nous n'avons plus nos repères familiers et nous nous sentons lourds et épuisés. À quoi bon vivre ? Tout nous paraît vide de sens, plus rien ne semble pouvoir nous faire plaisir. Le sentiment de vacuité est intense, d'autant que nous ne sommes plus en lien avec les autres. Pour Elie Humbert, cette absence de lien renvoie à une dissociation intérieure : « La vie paraît vide parce que nous nous manquons à nous-mêmes. » Sous l'emprise d'une vision négative de notre personne, des autres et de la vie, nous sommes comme possédés par le malin plaisir, inconscient le plus souvent, d'attaquer la vie qui est en nous et celle de notre entourage.

Adieu à la fuite en avant

La dépression du milieu de la vie est souvent provoquée par la collision entre le monde conscient et inconscient, dissociés jusque-là. Les conflits qui en résultent sont inévitables car ils proviennent du rapprochement de ces deux mondes, deux structures foncièrement différentes. En effet, le monde conscient est régi par le mode rationnel et par le principe de réalité : la personne consciente en est le maître, tandis que le monde inconscient est fait de pulsions, d'instincts, d'affects mais aussi d'archétypes qui nous dépassent.

L'état dépressif est toujours accompagné d'une fragilité et d'une susceptibilité exacerbées ; nos relations avec les autres sont de ce fait « truffées » de conflits pour tout et rien.

Nous avons l'impression que le temps s'écoule de plus en plus vite et que nous courons après lui. Mais que poursuivons-nous ? Si nous acceptons d'être lucides, nous pouvons nous avouer que nous tentons surtout d'échapper à nous-mêmes, en nous épuisant dans des activités diverses, ou encore en poursuivant une chimère inaccessible ; mais nous les préférons au terrible face à face avec notre angoisse existentielle.

Noyer son chagrin dans le travail

Hélène est une femme émouvante. Divorcée, belle, courageuse bien que déprimée depuis sa petite enfance, elle élève seule ses deux garçons, dans des conditions très précaires. Par un hasard professionnel, elle rencontre Paul, un homme de la scène politique et tombe follement amoureuse de lui. Elle l'aide à trouver sa place dans la haute société de sa ville natale. Il semble l'apprécier profondément, mais ses rigides convictions religieuses lui interdisent d'avoir une relation amoureuse avec elle, femme divorcée. Ses voyages fréquents l'emmènent toujours loin ; il en revient chaque fois avec des fleurs, des cadeaux, des attentions pour elle. Pourtant, la frustration de ne pouvoir vivre son histoire d'amour est chaque jour plus forte. Pour noyer son chagrin et son manque, Hélène trompe le temps en travaillant jour et nuit, tout en rêvant à Paul. Rivée à son idéal amoureux, elle continue à nourrir l'espoir de pouvoir vivre, un jour, une relation entière avec lui. Puis un matin, elle reçoit une lettre de Paul, lui annonçant qu'il est atteint d'un cancer du poumon avancé.

Quelques mois plus tard, il meurt dans les bras d'Hélène. Pendant un moment elle donne le change, mais la lumière, dans ses yeux, a disparu. Elle finit par se laisser glisser dans une profonde dépression. Pendant son hospitalisation, on découvre, intactes dans son placard, les magnifiques chemises de nuit qu'elle avait gardées pour sa nuit de noces.

Son retour à la vie prendra du temps ; Hélène passera de longs mois à pleurer son sort injuste. Elle qui était si proche d'un bonheur total se trouve confrontée à l'effondrement des échafaudages fragiles de sa vie ; depuis la mort de son amour, son existence n'a plus de sens. Elle avait tant œuvré pour « mériter » le bonheur, élevant ses enfants le mieux possible pour se sentir autorisée à rejoindre enfin l'homme qu'elle aimait. Elle avait tout prévu dans les moindres détails : elle avait mis de côté de l'argent pour un voyage et de beaux vêtements pour cette occasion, de l'argenterie et des nappes en dentelles pour leurs dîners en tête à tête.

Avec courage, Hélène contemple les différentes étapes de sa vie et se rend compte, peu à peu, qu'à force de se sacrifier pour un idéal, elle s'est elle-même sacrifiée. Depuis des années elle s'est coupée de tous ses amis afin de rester disponible pour Paul, guettant sans cesse le téléphone, refusant tout projet, dans une perpétuelle attente de son arrivée éventuelle. Sa quête d'une vie future lui a interdit de vivre l'instant présent ; elle s'est « manqué à elle-même », obnubilée par l'attente de cet homme tant désiré qui devait l'animer et la rendre vivante.

Nos anciennes blessures fonctionnent comme des aimants qui nous ramènent inconsciemment à des situations dans lesquelles nous revivons les souffrances et traumatismes de notre passé. Pris par cette répétition, il nous est souvent difficile de vivre le moment présent. Hélène, par exemple, se trouve à nouveau piégée dans son vécu d'enfant, dans l'espoir et l'attente, toujours déçus, que ses parents soient véritablement disponibles pour elle.

Perdre certaines illusions : un deuil à faire

Nous sommes fatigués d'avoir mis tant d'énergie à « réussir » notre vie. De plus, cette fatigue coïncide avec une difficile remise en question : nous prenons conscience que nous sommes en train de perdre des repères qui fondaient notre estime de nous-mêmes.

Nous sommes déçus par nos modèles, par nous-mêmes et par les autres : fatigués de n'être que ce que nous sommes, las de commettre toujours les mêmes erreurs, fatigués de nos inhibitions et de nos complexes. Nous ne sommes pas toujours une présence amicale pour nous-mêmes. Un certain abattement s'installe, même si nous avons rempli notre « contrat » de réussite professionnelle et sociale. Qu'y a-t-il d'autre ? Si nous n'avons plus de projet excitant et grandiose, que nous reste-t-il à vivre ? Une partie de nous continue à s'accrocher à ce que nous avons été, car la période à venir paraît nébuleuse et sans promesse encourageante ; une autre partie de nous pressent l'évidence que la construction bancale de notre vie s'avère à présent vide de sens.

Nous sommes en train de nous séparer de notre identité sociale et d'en faire le deuil. Dans la mesure où nous avons délaissé notre personnalité intime, quelque chose va se déconstruire.

La relation sexuelle comme « anti-dépresseur »

Fabrice arrive en consultation, en deuil de lui-même, enseveli dans des nuages dépressifs. Jusqu'à présent, il a mis toute son énergie à masquer son vide et sa solitude par des activités multiples. Particulièrement déprimé au seuil de ses cinquante ans, il est en deuil du beau jeune homme séduisant qui attirait les regards des femmes et collectionnait des aventures multiples et faciles. Il se sent profondément blessé dans son intimité.

De plus, il ne reconnaît plus son corps. Auparavant il était mince, élancé et tonique ; maintenant, au contraire, il ressemble de plus en plus à son père. Lui, dont l'existence se résumait à « je séduis, donc j'existe », ne se sent plus attirant et a par conséquent l'impression de n'être plus rien, de ne « servir à rien »... Sa vie relationnelle s'appuyait sur des « échanges de pulsions » et aujourd'hui il est en manque d'une confirmation constante de sa virilité.

Fabrice prend peu à peu conscience que sa dépression le renvoie au néant relationnel de sa vie. Dans sa quête sexuelle, il était jusque-là uniquement préoccupé par le désir de posséder une femme, ou d'être possédé par elle ; les jeux de pouvoir élaborés aiguisaient son excitation. Il se rend compte aujourd'hui qu'il ignore tout de ce que peut être une relation véritable avec une femme en dehors de la séduction et des plaisirs de la domination et de la soumission. À ce tournant de sa vie, il se trouve dans la nécessité d'apprendre à vivre une relation d'échange. Il se sent fatigué par avance : il n'éprouve plus cette excitation constante qui lui donnait l'impression d'être bien vivant. Par ailleurs, il a l'impression d'être à mille lieues de pouvoir créer un lien authentique avec une femme.

Nous voilà donc au milieu de notre vie, dans une phase « naturelle » de dépression, induite par la perte de nos illusions : *la comedia è finita*. Nous faisons l'expérience de la perte, de la séparation, en écho avec nos souffrances antérieures ; nous ressentons aussi un certain désarroi à l'idée que la mort se rapproche.

Bien souvent, la vie nous oblige à reconnaître les fragilités que nous avons pris soin de cacher et de compenser. La nature humaine est ainsi faite que nous préférerions éviter ces parts vulnérables et nous n'acceptons de les prendre en compte que contraints et forcés. C'est alors que nous sommes invités à prêter attention à nos blessures ; prendre conscience de nos fragilités nous relie en profondeur à nous-mêmes, aux autres et nous humanise. Une maladie, une rupture nous déstabilisent et nous plongent dans des souffrances qui semblent insurmontables, mais nous arrachent aussi à nos certitudes ; c'est une étape indispensable à la construction de notre identité profonde, bien au-delà des apparences. À présent, nous aurons à faire le deuil de nos illusions, en particulier celles qui concernent les désirs de réalisations de projets ambitieux, espérant laisser notre trace pour toujours. Aujourd'hui tout n'est plus possible ; il est douloureux de l'admettre, mais nous sortirons grandis de ses déceptions assumées.

Nous avons peut-être trop longtemps sacrifié nos sentiments authentiques : nous nous sommes coupés de sentiments de colère et d'injustice par peur de décevoir ou de perdre l'amour de ceux dont nous sommes dépendants. Une femme, par exemple, peut être pleine de rage envers son mari, dont elle est par ailleurs très fière, et lui en vouloir de la négliger au profit de la rédaction de ses multiples articles. En réalité, son mari représente toute la partie d'elle-même qu'elle a ensevelie ; en particulier, sa part créative est en manque d'expression et de réalisation. Cette femme pourrait gagner en richesse intérieure si elle cessait ses reproches incessants envers son mari et se mettait elle-même au travail.

Généralement, cette attitude de soumission aux attentes des autres, apprise au cours de notre enfance, continue à dominer nos relations, contribuant ainsi à nier nos propres besoins et sentiments. Jusqu'au jour où nous allons trop loin : nous aurons alors rendez-vous avec la dépression, avec laquelle il va falloir nous expliquer. C'est l'occasion, souvent pénible, d'une mise à jour d'expériences douloureuses ainsi que d'une reconnaissance de nos valeurs personnelles ensevelies.

D'où peut-être notre besoin de sollicitude envers les autres pour combler leurs manques, et par là les nôtres, masquant ainsi notre dépression. Nous avons vu que l'on pouvait par exemple avoir tendance à devancer les désirs et les besoins des autres, comme une mère qui pressentirait les attentes de ses enfants et compenserait par là son propre désir d'être maternée, dorlotée par quelqu'un. Ces mêmes personnes peuvent être incapables d'exprimer leurs propres besoins et attentes, craignant de donner trop de pouvoir à l'autre et d'être ainsi « en dette » à son égard. Notre générosité apparente est alors en grande partie motivée par le besoin de nous rassurer quant à notre « bonté », mais aussi par celui d'étouffer en nous l'enfant qui réclame l'attention.

Restaurer ce que nous avons trahi en nous

Des signes comme la fatigue ou le manque d'entrain témoignent du fait qu'une partie de nous – un potentiel, une aptitude, ou une attente profonde – a été abandonnée et demande notre attention. Cette négation de nos besoins a peut-être commencé précocement dans notre vie: nous nous sommes trop tôt adaptés aux exigences et besoins de nos parents en négligeant les nôtres ; une part importante de nous a été sacrifiée de ce fait.

Un nourrisson hurle dans le vide

Denis vient me consulter suite au décès de sa mère. Par ailleurs, il se plaint de troubles alimentaires : souvent pris de fringales indomptables, il a besoin d'engloutir, à toute vitesse, une quantité inimaginable de nourriture. Il pèse cent vingt kilos, se sent monstrueux, mais ne peut résister à son avidité insatiable, à ses « orgies de nourriture ». Célibataire, il n'a aucune estime pour lui-même et se traite de « sac d'ordures ».

Peu à peu Denis se rend compte que son besoin incessant d'avoir « la bouche et le ventre pleins » est stimulé par le besoin insatiable de combler son vide intérieur. Ses batailles quotidiennes contre ses démons intérieurs l'épuisent, lui laissant un sentiment de honte et de dégoût. En réalité, derrière cette enveloppe d'obèse qui induit le rejet, est terré un petit garçon affamé d'amour et de reconnaissance. Il a, pour l'instant, besoin « d'avaler » mère et père et dévore la nourriture pour étouffer sa rage meurtrière.

Le décès de sa mère le confronte au fait qu'il n'a désormais plus rien à attendre d'elle : il pressent alors que de son vivant il était resté dans l'espoir, toujours déçu, d'être enfin reconnu par elle. Il prend soudain conscience de tout ce qu'il s'est empêché de vivre et ressent, dans un premier temps, une détresse et une rage « infinies ». Puis, doucement, Denis commence à s'apaiser. À la suite d'un accident de santé, il se rend compte que ses désordres alimentaires mettent sa vie en danger. Quelque chose se produit alors, un voile se déchire et il voit dans toute son ampleur, l'impasse dans laquelle il se trouve. « Ce serait trop idiot de mourir avant d'avoir vécu », me dit-il. Ses pulsions boulimiques se calment progressivement. Il prend appui sur notre relation pour réorienter son énergie ; plutôt que de tourner son agressivité contre lui-même, il tourne sa force vitale davantage vers les autres et élargit ainsi sa sphère sociale et amicale.

Perdre sa mère est toujours un événement douloureux et profondément déstabilisant. Quel que soit l'âge auquel nous subissons cette perte, nous nous sentons, au fond, toujours petits et fragiles : comme un orphelin infiniment vulnérable. La « présence » de la mère nous donnait auparavant l'impression illusoire d'être protégé.

Denis était pourtant loin de se sentir protégé par sa mère dans son vécu d'enfant, puis de jeune homme. Son besoin éperdu de reconnaissance n'avait jamais trouvé de réponse. Il est resté ainsi psychiquement dans l'état d'un « nourri-sson » qui hurle, en vain, après sa mère. Privé de l'expérience d'une relation intime avec celle-ci, base de toute relation de confiance ultérieure, il n'a jamais pu se laisser aller à une relation proche avec une femme.

La volonté consciente de Denis n'avait aucune prise sur les pulsions destructrices de son corps ; notre travail a consisté à lui donner progressivement la possibilité de relier corps et parole. Ses dessins et rêves nous ont beaucoup aidés dans ce sens.

La dépression de Denis lui a permis de mettre en lumière le cercle vicieux entre un corps de plus en plus déformé par la souffrance, et la honte qui l'empêchait de se tourner vers les autres. En même temps, il pressentait qu'il avait besoin, à travers ce corps, d'accuser ses parents de l'avoir tant blessé et spolié dans son enfance. Son corps exprimait violemment à la fois sa souffrance et sa rage. Sa dépression était, de plus, le signal d'alarme qui l'invitait à canaliser et à réorganiser ses énergies et ses objectifs.

Pour beaucoup d'entre nous, la mort de la mère peut permettre de faire l'expérience d'une proximité non encore vécue avec un partenaire. Comme si une partie de nous, encore attachée à une relation fusionnelle avec la mère, pouvait enfin se libérer pour s'investir dans une réelle intimité avec l'autre. La disparition de la mère peut ouvrir une brèche et permettre de nous tourner vers les autres et nous-mêmes.

Reprendre sa vie en main

Sarah est l'épouse de Michel, un architecte reconnu, passionnément engagé dans son travail, entièrement pris par sa vocation et sa renommée. Il a des propositions incessantes, des projets importants, mais n'a jamais joué du pouvoir que cela lui donnait.

Avant de connaître Michel, Sarah était une journaliste autonome et épanouie. Ils s'étaient rencontrés dans le pays d'origine de Sarah. Éprise de Michel, elle a tout quitté : son pays, sa famille, sa profession. Depuis leur mariage, elle ne s'occupe plus que de la cuisine, du ménage, du repassage, de la comptabilité et du secrétariat. De plus, chaque fois que Michel fait des plans pour un projet, il se tourne vers elle pour solliciter une critique bienveillante et exigeante à la fois.

Le signal d'alarme se déclenche à l'occasion du quarante-cinquième anniversaire de Sarah : elle est déprimée ; faisant le point sur sa vie, elle n'en est pas du tout satisfaite. Elle commence à ce moment-là un travail analytique. Elle a pleinement rempli sa fonction d'épouse « au service » de son mari, mais ne s'est pas développée en tant que femme adulte et autonome. Sa vie s'est plutôt rétrécie qu'épanouie.

Quelques années plus tôt, à la mort de sa mère, elle s'est occupée de ses trois frères dont elle est l'aînée et ne s'est permis de faire des études qu'au quatorzième anniversaire du benjamin. Elle s'est toujours sacrifiée pour aider le masculin à grandir. Il lui était donc tout à fait naturel d'être au service d'un mari qu'elle respectait beaucoup et dont elle était très fière. Elle réalise alors qu'elle s'est contentée trop longtemps d'être la femme de son « célèbre » mari au lieu de tenter d'être au service de ses propres dons.

La dépression, et le déséquilibre vertigineux qui l'accompagne, a fait trébucher Sarah mais lui a permis ensuite de retomber sur ses pieds. Le travail analytique l'a amené à cheminer vers son propre centre. Elle a pu ainsi mettre à distance sa tendance, inscrite en elle depuis l'enfance, à donner la priorité au masculin et à mettre en sourdine sa propre réalisation.

Dans un premier temps, elle est passée, comme beaucoup d'autres, par une phase de reproches amers à l'égard de ses parents qu'elle rendait responsables de tous ses malheurs, avant d'assumer son statut d'adulte. Peu à peu, elle a compris les avantages qu'elle avait tirés de cette situation – par exemple le sentiment d'être indispensable à la réussite des autres – et les raisons pour lesquelles elle s'était construite ainsi. Elle s'était sentie rassurée, dans son rôle d'épouse d'un homme célèbre, de pouvoir s'occuper tranquillement de ses habitudes et des petites choses de la vie quotidienne, plutôt que de chercher en elle ses propres ressources, qui la feraient s'éloigner de la maison. Elle a enfin réalisé qu'il lui était plus facile de rester dans des situations inconfortables que de prendre le risque d'un changement de vie avec la déstabilisation que cela entraîne.

Accompagner la dépression

Plutôt que de considérer la dépression comme une maladie honteuse à éradiquer par des traitements médicamenteux, nous pouvons porter un regard constructif, « décomplexant » sur elle. Car l'équilibre psychique n'est pas l'absence de dépression mais, bien au contraire, la capacité à l'accueillir. Faire cette expérience permet bien souvent de prendre une nouvelle orientation qui fait sens à ce moment de notre vie. Mais nous ne pouvons sortir d'une dépression sans d'abord accepter d'y entrer. Se rendre compte que nous sommes déprimés est le premier pas ; à nous d'entamer ensuite un dialogue avec les images et les sentiments qui émergent.

Expulsé de la mère, le petit d'homme reste allongé des mois durant avant d'avoir la force de s'asseoir, puis de marcher en trébuchant, soutenu par une main bienveillante, pour s'ériger progressivement. Dans un premier temps, nous réalisons cette verticalité en nous adossant sur des modèles idéalisés et indispensables à la survie. Ainsi, nous nous appuyons sur la mère, le père, la fratrie, la famille, les instituteurs, les professeurs, les modèles trouvés au cours de notre adolescence et de l'âge adulte jusqu'à la rencontre d'un amour. Parallèlement, notre identité se met en place. Mais la vie est faite de construction et de destruction : chaque fois qu'elle nous impose une séparation d'avec une personne ou une situation familières, nous perdons à la fois cette personne, mais aussi l'axe sur lequel nous

nous sommes appuyés. Vacillants, nous sommes obligés de puiser loin en nous pour trouver le centre à partir duquel nous pouvons construire notre propre axe et ainsi cheminer vers l'incertain.

Chaque fois que la vie exige une adaptation à une situation radicalement nouvelle, nous nous heurtons à des sentiments dépressifs qui nous « obligent » à quitter une position existentielle confortable pour faire le saut dans le vide vers une étape qui nous demande des compétences non encore élaborées. Le milieu de vie est donc ce moment qui fait appel à notre courage et à nos capacités d'adaptation à une nouvelle donne.

Nous avons compris que la dépression n'est pas seulement cette dynamique qui nous oblige à revivre nos traumatismes antérieurs, elle exige également une descente pénible vers la matrice, « la mère originelle », racine de notre être, d'où l'on peut renaître ensuite. Cette régression, cet état de déstabilisation et de grande insécurité, est donc le prix à payer pour pouvoir se séparer de l'illusion de former une unité toute-puissante avec une personne par laquelle nous nous sentons « magiquement » protégés[1]. S'en différencier enclenche un processus de métamorphose qui nous permettra de devenir un être humain à part entière.

Accueillir et accompagner la dépression signifie que nous l'acceptons comme une dynamique naturelle d'autorégulation qui fait partie de notre totalité psychique. Nous n'avons pas le choix, car comme nous l'avons vu, la dépression est un processus et un mouvement

1. Teboul-Wiart H., « Le désenchantement », *Cahiers de Psychologie jungienne*, n° 8, 1976, p. 25.

psychique naturel, indispensable à notre croissance et à notre maturité. Elle passe par une porte étroite et nous pousse à cheminer vers notre entièreté ; et ouvre donc la voie à la confrontation avec « l'autre » en soi, comme l'ombre, l'*animus* et l'*anima*.

Dialogue intime

- Quand et à quelle occasion avez-vous été déprimé, la dernière fois ?

  ....

  ....

  ....

  ....

- De quoi devez-vous faire le deuil actuellement ?

  ....

  ....

  ....

  ....

- Dans quel domaine de votre vie vous sentez-vous dans une impasse ?

  ....

  ....

  ....

  ....

- Quelles seraient les actions à entreprendre pour en sortir ?

  ....

  ....

  ....

  ....

- Y a-t-il des projets dans lesquels vous êtes engagés qui ne font plus sens actuellement ?

....

....

....

....

- Qu'avez-vous perdu à tout jamais ?

....

....

....

....

- Qu'attendez-vous et qu'espérez-vous de votre vie future ?

....

....

....

....

Chapitre 7

Face à face avec l'étranger en nous

« Une âme si elle veut se connaître, c'est dans une autre âme qu'elle doit se regarder : l'ennemi et l'étranger nous l'avons vu dans le miroir. »

Georges Séféris

Nous avons pris connaissance des complexes et de la dépression ; leur émergence peut à la fois nous déstabiliser et nous donner l'occasion, par la suite, de cheminer vers une identité plus entière. D'autres composantes, étrangères à la perception que nous avons de nous-mêmes, méritent d'être reconnues. En fait, à mi-chemin de notre vie, nous ne pouvons plus ignorer que notre personnalité est bien plus complexe que celle qu'elle donne à voir aux autres et à nous-mêmes. Nous savons bien que nous nous sommes fréquemment trouvés confrontés à des conflits répétitifs, des situations et des relations inconfortables ; à l'âge que nous avons nous pouvons imaginer qu'elles ne sont pas seulement le fruit du hasard ou provoquées par les autres, mais que nous en sommes également les coauteurs.

La présence déstabilisante de « l'ombre »

Une des principales étapes vers notre maturation – qui nous facilitera également la relation à l'autre – consiste à prendre en considération des composantes apparemment « étrangères » en nous. Commençons par celle qui nous suit inlassablement sans que nous puissions l'entrevoir : notre ombre.

Qu'est-ce que l'ombre ? Et pourquoi émergerait-elle plus particulièrement à mi-chemin de notre vie ? Physiquement, l'ombre est d'autant plus discernable que nous sommes en plein soleil ; il en est de même dans notre vie psychique. C'est parce que nous commençons à prendre plus pleinement conscience de nous-mêmes que cette mise en lumière fait apparaître, d'autant plus clairement, notre ombre, son contraire : l'étranger en nous.

L'ombre, l'autre en nous

L'ombre peut être définie comme tout ce qui n'est pas éclairé par le conscient. Elle est l'opposé de notre image consciente, la part inconnue et « négative » de notre personnalité, les valeurs que nous rejetons[1]. Mais elle contient également nos qualités, nos potentiels latents, ce que nous n'avons pas encore pu développer et intégrer. L'ombre met en jeu un processus par lequel nous transférons un certain type de projection inconsciente sur une personne du même sexe, en lui attribuant des qualités ou des défauts. Cette personne représentera alors un « autre » en nous, le fantôme de notre frère ou de notre sœur, et manifeste ainsi notre ombre. Elle peut nous rappeler un aspect de notre personnalité que nous n'avons pas envie de reconnaître, car elle est à l'opposé de l'image « noble » que nous avons de

•••/

1. Jung C.G., *Essais sur la symbolique de l'esprit*, Albin Michel, 1991, p. 63.

\...

nous-mêmes ; elle fait pourtant partie intégrante de notre être psychique. Ces aspects de notre personnalité sont relégués dans l'inconscient et peuvent émerger à la faveur d'un conflit relationnel.

Par exemple, l'ombre est souvent d'autant plus développée qu'une personne se complaît dans la représentation de sa propre puissance. La force compensatrice de l'inconscient se manifeste alors par des messages qui soulignent son angoisse d'impuissance. C'est le cas, par exemple, d'un jeune homme qui occupait un poste de grande responsabilité, mais qui était fréquemment tourmenté par des rêves de petit garçon terrorisé ; sa vulnérabilité, terrée en lui-même, réclamait ainsi son attention.

Les projections de notre ombre faussent la perception que nous avons des personnes qui nous entourent. Ils ne sont plus « autres », mais les produits de notre propre réalité psychique. Ce mécanisme de projection nous enferme dans la solitude de notre monde imaginaire. Ainsi, tout ce qui ne correspond pas à une image idéale, à un absolu, ou encore tout ce qui est considéré comme faible et petit est méprisé et relégué dans notre ombre. Nos complexes infantiles sont donc rejetés et déplacés vers l'inconscient, mais ils se rappelleront à nous, à un moment ou à un autre, par des rêves ou des symptômes gênants[1].

1. Agnel A., « La défaillance paternelle et sa compensation chez Freud et chez Jung », *Cahiers de Psychologie jungienne*, n° 69, 1991, p. 10.

Le corps, lieu d'empreinte de nos peines

Nicolas a grandi au sein d'une famille de réfugiés dans une atmosphère de folie, de misère et de chaos. Il a appris à afficher une dureté impassible, à la limite de l'insensibilité. Enfant, il a souvent été maltraité mais s'en est défendu en ne laissant jamais paraître ses peines et douleurs. Il avait pris l'habitude de dire : « Même pas mal. » Ses parents travaillaient sans relâche et n'étaient pas disponibles pour lui. Ainsi abandonné, il a été livré à un grand-père qui avait perdu la tête. À plusieurs reprises, le père a été témoin de violences physiques et verbales du grand-père envers Nicolas. Il n'est pourtant pas intervenu pour protéger son enfant. Adulte, Nicolas continue à nier sa détresse et ne voudrait admettre, pour rien au monde, qu'il souffre. Par contre, un ulcère récalcitrant et « intraitable » lui tord « les entrailles. »

Nicolas a ainsi grandi écartelé entre des valeurs idéalisées, projetées sur l'adulte, et des faiblesses méprisées, projetées sur l'enfant. Ces projections sur l'adulte et sur l'enfant étaient la signature de l'ombre. Il n'a pu supporter de découvrir l'immaturité de son père, et s'est mis à le déprécier : ce père-là n'incarnait pas un modèle auquel il pouvait s'identifier. Trahi par son père, Nicolas n'attendait plus rien de lui. Il a tenté, plus tard, de compenser cette déception en projetant un idéal, un modèle de perfection sur certaines personnes. Son corps, par contre, en payait le prix et ses entrailles continuaient à lui rappeler des événements douloureux restés « indigestes ». En fait, c'est notre corps qui nous permet d'entrer en contact avec l'inconscient. Au milieu de notre vie, nous constatons bien sûr des signes de vieillissement, mais parfois également un symptôme physique plus ou moins gênant qui pourrait bien être le signe d'une émergence de l'ombre.

L'ombre de l'héroïsme

Michèle me téléphone un jour pour annuler une séance ; je lui propose de venir quand même, si possible. Elle vient, les mains moites, en proie à une migraine intense. Peu à peu, au cours de notre séance, ses traits se détendent et son teint reprend des couleurs.

Elle raconte alors que son père vient de passer une semaine chez elle. Cela lui rappelle que le lendemain de son dernier séjour, sa mère a eu une attaque cérébrale dont elle est morte quelques jours plus tard. Michèle s'est sentie triste après le départ de son père. Il lui manquait ; elle pleurait son absence – et la mort de sa mère.

Puis, elle se reprend et dit en souriant : « Mon père a fait une rencontre. » Un silence s'installe. Puis Michèle poursuit : « C'est quand même incroyable qu'il ait pu rencontrer une femme si rapidement après la mort de ma mère. » Elle continue, expliquant qu'elle est très angoissée parce qu'elle doit partir, en avion, en voyage professionnel. Elle se trouve « idiote » d'avoir peur de prendre l'avion. Je lui réponds qu'elle donne l'impression d'avoir honte de sa peur. Elle rit : « Une femme adulte n'a pas peur. »

J'ajoute que l'on peut appréhender des événements que l'on ne maîtrise pas ; lorsqu'on voyage en avion on peut avoir peur de s'écraser, mais conduire une voiture peut aussi être dangereux. Elle blêmit : une amie très proche s'est tuée en voiture ce week-end ; elle ne pourra pas être présente à l'enterrement puisqu'elle sera partie en voyage d'affaires.

Michèle est profondément déstabilisée. Ses parents ont été pour elle un modèle de couple idéal, mais elle s'est récemment souvenue que, petite, elle avait surpris son père en train d'embrasser une femme qui n'était pas sa mère. Elle en avait été très choquée, mais n'avait rien dit à personne. Elle s'est construite en s'identifiant à ce père fort et invulnérable qui a été la cible de sa projection idéalisée. La mort subite de sa mère et de son amie la confronte à sa peur d'être mortelle, comme les autres. Reconnaître sa peur a été un premier pas. Ne plus avoir besoin d'afficher un stoïcisme hors du commun devant les autres, a été le deuxième.

Notre équilibre psychique peut être menacé, nous pouvons être envahis par une angoisse et une impression d'étrangeté quand nous nous trouvons brusquement confrontés à notre ombre. Éclairer notre ombre implique de reconnaître les illusions que nous nous sommes faites sur les autres nous-mêmes. Cette expérience inconfortable rend également possible une rencontre authentique avec ce que nous sommes. Il faut du courage pour accepter cette part obscure de notre personnalité, si contraire à notre image idéale, car cette prise de conscience remet en question nos habitudes, nos croyances et parfois nos liens affectifs, qui nous étaient si familiers[1]. Jusqu'alors aveugles à nos propres affects destructeurs, c'est chez les autres que nous percevions ces désirs inavouables, les jalousies féroces et les haines viscérales.

Ce sont parfois des circonstances particulières qui déclenchent cette prise de conscience en nous renvoyant par exemple à une image de dureté, voire de méchanceté, alors que nous sommes persuadés d'être la gentillesse même ! Peut-être avons-nous confondu cette « gentillesse » apparente avec le fait de préférer nous soumettre plutôt que d'affirmer notre point de vue haut et clair, quitte à prendre le risque de déplaire et d'être rejeté ?

1. Humbert E., *Jung*, Éditions Universitaires, 1983, p. 57.

En fait, chacun d'entre nous est habité par des pôles contraires. Lorsque l'un d'eux est trop lourdement investi, la fonction compensatrice de l'inconscient fait émerger le contraire, dont l'ombre. Par exemple, quelqu'un qui se soucie avant tout de présenter une façade irréprochable dans sa vie conjugale peut être, tout d'un coup, pris de pulsions sexuelles irrépressibles et par le besoin d'aventures multiples. Ce phénomène est bien connu sous le nom de « démon de midi ».

Prenant conscience de cette ombre, nous découvrirons qu'elle est une partie incontournable de notre personnalité ; l'affronter nous permettra de nous accomplir. Chaque nouvelle prise de conscience sera un pas en avant sur un chemin difficile et semé d'obstacles, car nous n'en finissons pas de nous confronter avec l'ombre. Tant que nous sommes vivants, elle nous poursuit : une fois une confrontation résolue, une autre émerge. Ainsi, à chaque étape de notre évolution, nous avons à « saluer » une autre part contraire de nous-mêmes. Nous apprendrons ainsi, peu à peu, à identifier leurs manifestations et à nous en servir pour aiguiser notre conscience. Considérer l'ombre comme un partenaire intérieur favorisera une mutation salutaire[1].

C'est au sein d'un groupe que l'ombre se fait sentir de manière particulièrement saisissante. Cette situation se prête très bien à sa découverte car elle favorise une rapide manifestation des élans et

1. Dorly C., « Ombre », *Dictionnaire Jung*, (dir.) A. Agnel, p. 121.

rejets que nous éprouvons, de manière presque instinctive, envers les uns et les autres. Nous captons immédiatement les traits de caractère qui nous sont antipathiques, ceux qui provoquent notre irritation et notre intolérance, mais aussi notre idéalisation. Ces mouvements de rejet intérieur sont presque toujours le signal de la présence de notre ombre, projetée sur une personne du groupe.

Un miroir obsédant

Andrée a fait l'expérience de son « ombre » au cours de notre travail analytique : elle souhaitait comprendre les raisons d'un conflit apparemment insoluble avec une collègue de travail qu'elle estimait beaucoup par ailleurs. Au cours d'une séance, elle énumère les traits de caractère énervants chez cette collègue. Puis, elle s'arrête, interdite, au milieu de sa phrase et dit : « Mais c'est moi ça ! » Effectivement, elle voit juste : cette collègue et amie l'irrite profondément par des défauts dans lesquels elle se reconnaît, *a posteriori*. Elle avait projeté, puis retrouvé chez elle des facettes de sa personnalité qui l'irritaient chez sa collègue.

Sous l'emprise de cette ombre, Andrée ressassait sans cesse ses ressentiments, obsédée par ses revendications envers la personne « choisie » comme cible de projection. Elle s'est rendu compte, au cours de son travail analytique, que ses tensions avec sa collègue étaient liées à ses blessures narcissiques et à ses complexes dissimulés derrière l'ombre. Elle a réalisé que sa collègue, toujours sur le devant de la scène, perpétuellement en quête d'attention, était à l'opposé de ce qu'elle affichait elle-même, se présentant comme une grande timide, n'osant pas prendre la parole ou être le centre de l'attention. Elle ne se sentait ni belle, ni intelligente, ni intéressante.

Andrée se présente comme l'inverse de sa collègue, et se retrouve pourtant en elle : c'est cela même la caractéristique de l'ombre !

On peut dire que chaque fois que l'on ne supporte pas quelqu'un du même sexe, il est utile de comprendre ce qui, chez l'autre, nous met hors de nous, pour nous rendre compte que ce qui nous dérange chez l'autre fait aussi partie de nous. Ainsi, l'ombre antérieurement projetée sur un membre de notre famille, sur un parti politique, sur un peuple, une nation, un continent, prend sa juste place. Nous devenons ainsi plus « entiers », moins fragmentés.

Nos rêves sont également de précieux indicateurs de l'ombre lorsqu'ils font surgir des personnages agressifs, violents, menaçants du même sexe que nous. Leurs comportements, à l'opposé de notre personnalité consciente, sont d'autant plus accentués que l'image que nous avons de nous-mêmes est figée. Ce que nous avons rejeté ou ignoré parce qu'incompatible avec notre perception de nous-mêmes, nous poursuit sans cesse ; ces rêves reviendront indéfiniment, tant que nous ne prendrons pas conscience de leur sens.

Le cauchemar, terrain de notre ombre

Georges a tendance à mettre en avant une grande fragilité physique et psychique, mais derrière cette apparence se cache un homme redoutable, habité par un besoin de revanche et de vengeance lié aux multiples injustices dont il a été victime. Dans ses rêves, il est régulièrement poursuivi par des gangsters, des hommes de la Mafia, habillés de noir. Moins beau que son frère aîné, moins brillant que sa sœur, il a apparemment des raisons d'avoir envie de se venger sur d'autres. Mais la nuit, c'est lui qui est le plus souvent la victime de ses propres pulsions agressives.

Comme nous l'avons vu, l'ombre représente « un autre » en nous ; la rencontrer permet de dialoguer avec cet aspect inconscient et de nous connaître plus intimement.

Il faut souligner enfin que l'ombre ne contient pas seulement nos dimensions inconnues et négatives, mais aussi toutes celles qui n'ont pas encore pu émerger. Sans pour autant donner dans un imaginaire tout-puissant, où « tout serait possible », ce potentiel non utilisé représente ce que nous pourrions vivre et que nous n'avons pas encore pris en considération. L'ombre peut, par exemple, nous inciter à nous interroger sur ce que nous pourrions devenir, sur notre potentiel non encore mis en valeur. Ainsi nous aurions à élaborer « quelque chose » en nous qui est resté tapi dans notre ombre : nous pouvons ensuite affirmer ce contraire de notre apparence habituelle.

Une envie constructive

Un ami de passage dans un lieu de vacances, épate ses hôtes par ses dessins merveilleux. La maîtresse de maison, prise d'une admiration jalouse se rappelle alors du plaisir qu'elle avait eu, adolescente, à faire des aquarelles. Sa décision est prise : elle s'inscrira dès son retour de vacances à des cours de dessin, réalisant enfin un rêve enfoui.

En dehors de l'ombre qui concerne les projections sur des personnes du même sexe, nous sommes également habités par une ombre contrasexuelle, que Jung appelle l'*anima*, pour l'homme et l'*animus*, pour la femme. C'est effectivement dans la seconde moitié de la vie que la confrontation avec l'ombre et nos composantes contrasexuelles s'impose plus particulièrement et que nous avons à les prendre en considération.

La rencontre avec « l'autre » en soi

Des obstacles multiples peuvent entraver nos relations avec les autres. Ils proviennent d'une part de notre histoire familiale, personnelle, et d'autre part de l'empreinte de dimensions inconscientes d'ordre collectif, comme nos composantes contrasexuelles que Jung appelle : *« anima »* et *« animus »*.

Le plus souvent nous sommes encombrés de problèmes relationnels avec nos parents, ce qui nous empêche de nous épanouir dans notre vie amoureuse. En fait, ce n'est qu'à partir du moment où nous prenons une distance avec ces conflits que nous devenons adultes, conscients et responsables de notre vie. Nous cessons d'accuser nos parents, la société, les autres et de les rendre coupables de ce qui nous arrive ; nous pouvons alors rencontrer quelqu'un sans lui faire porter le poids excessif de nos projections parentales. C'est d'ailleurs souvent à l'occasion d'une relation intime avec « l'autre » que nos souffrances infantiles ré-émergent, et que nous sommes contraints de nous expliquer avec ce qui nous enchaîne encore à notre enfance. En fait, toute relation intime peut être l'occasion de mûrir, dans la mesure où elle favorise un détachement d'avec les liens parentaux douloureux. Nous évoluons au fil des rencontres avec des figures internes inconnues, étrangères à la perception que nous avons de nous-mêmes.

Le féminin chez l'homme et le masculin chez la femme

L'*animus* – le masculin chez la femme – et l'*anima* – le féminin chez l'homme – sont des personnifications de l'inconscient qui compensent notre identité sexuelle consciente[1] : des qualités, des défauts, des jugements, des *a priori* sont grossièrement attribués à des personnes du sexe opposé. Ces archétypes collectifs ne représentent pas uniquement nos contraires, mais sont aussi nos parts complémentaires, qui nous informent de l'état de notre relation avec l'autre sexe.

L'homme est agi par l'*anima*, sa composante féminine inconsciente, et la femme l'est par l'*animus*, sa composante masculine inconsciente : l'inconscient de l'homme comporte donc des traits féminins et celui de la femme des traits masculins. Ces deux archétypes relient conscient et inconscient : l'*anima* favorise chez l'homme une sensibilité féminine, une capacité d'accueil de relation profonde avec lui-même et les autres. Elle lui donne également accès à l'intuition. Chez la femme, l'*animus* amplifie sa capacité d'initiative, de théorisation et de pensée rationnelle rigoureuse.

Ainsi, un homme peut par exemple être agacé par la fragilité de sa femme, en partie parce qu'il ne reconnaît pas la sienne propre, tout comme une femme peut être exaspérée par le besoin de domination et de pouvoir de son compagnon, parce qu'elle ne reconnaît pas ses propres désirs de pouvoir. Le travail intérieur initié par la rencontre avec l'ombre progresse lorsque l'*anima* et l'*animus* se manifestent à l'occasion d'une relation de couple. La rencontre avec ces archétypes provoque un bouleversement émotionnel intense : nous en faisons tous l'expérience douloureuse. L'ombre et

1. Dorly C., « Animus/anima », *Dictionnaire Jung*, *op. cit.*, p. 24.

le pouvoir d'un *animus* négatif, ou d'une *anima* négative, peuvent parfois peser lourdement au sein d'un couple.

Cheminer entre la vertu et le marginal

Séverine, une femme d'une quarantaine d'années, intègre, loyale et droite, n'a jamais transgressé les règles de bonne conduite. Voilà que cette mère de famille catholique, respectable, dévouée à son mari et à ses cinq enfants, PDG d'une entreprise de cosmétique, tombe « follement » amoureuse d'un jeune homme tunisien qui lui fait découvrir des plaisirs sensuels qu'elle s'était interdits jusque-là. Ce magnifique jeune homme « clandestin » en France, sans qualification professionnelle, est donc en situation de précarité. En dehors de sa beauté virile, il n'a rien et a besoin de « tout » pour s'installer et vivre en France. Séverine lui vient en aide, fait intervenir ses relations, exauce tous ses désirs et le couvre de cadeaux somptueux. Mais, dès qu'il a obtenu, grâce à elle, une formation professionnelle, un travail, un appartement et la nationalité française, le jeune homme abandonne Séverine sans un adieu et sans explication.

Une question évidente se pose : comment a-t-elle pu ne pas pressentir les filets inconscients dans lesquels elle était prise ? Pourquoi s'est-elle laissée manipuler et utiliser à ce point ? Dans cet exemple, un *animus* resté primitif émerge brusquement chez une femme « irréprochable » par ailleurs, manifestant l'opposé de sa bonté exceptionnelle, de sa gentillesse et de son respect méticuleux des règles. Le contraire, l'inconnu, le sensuel, le « hors la loi » et « l'inacceptable » de Séverine a surgi un jour sous les traits d'un homme intensément fascinant pour elle. Comme l'explique Jung, conscient et inconscient sont dans une opposition dynamique ;

celle-ci peut provoquer un revirement du tout au tout car, dans la mesure où une position consciente est développée jusqu'à son extrême, la force contraire aura le dessus[1].

Les sources de notre identité sexuelle

L'être humain est bisexuel dès la conception. Cette bisexualité est d'une part déterminée par le sexe, les caractères sexuels secondaires, les expériences avec des personnes du sexe opposé et d'autre part par les schémas organisateurs du comportement que sont les archétypes, particulièrement repérables ici dans nos relations avec l'autre sexe[2].

Nous avons vu que nous étions tous profondément marqués par l'archétype de la Grande Mère. Énergie originelle, ce féminin primordial tout-puissant et dévorant contient à la fois des attributs féminins et masculins ; c'est un être composite, comme une déesse hermaphrodite, à l'instar de la « femelle mystérieuse » – la mère mystérieuse de tous les êtres – dans le taoïsme[3]. Elle est à la source des archétypes de l'*anima*, le féminin chez l'homme, et de l'*animus*, le masculin chez la femme, qui s'incarnent et s'actualisent en tout enfant, garçon ou fille. Nous émergerons progressivement de ce magma inconscient originel. Pour cela nous avons, notre vie durant, à « sacrifier » l'illusion de toute-puissance liée à cet archétype, ce qui implique de se rendre compte et d'accepter nos manques, notre impuissance et nos limites. Faute de quoi, il nous sera difficile d'assumer une identité sexuée qui nous définit et par là même nous

1. Casenave M., « Énantiodromie », *Dictionnaire Jung*, *op. cit.*, p. 51.
2. Jung E., *Animus and Anima*, Spring Publications, 1981, p. 10.
3. Lao Tseu, *Tao Te King*, trad. C. Larre, DDB, 1977, p. 37.

délimite. Certains ont du mal à accueillir leur corps sexué et restent dans une illusion androgyne qui les conduit à refuser de s'ouvrir à l'autre, si différent. Leur élan pulsionnel peut alors se diriger vers le « même » plutôt que vers « l'autre », et entraîner parfois un choix amoureux homosexuel.

Ces archétypes de l'*animus* et de l'*anima* font partie intégrante de la construction de notre identité sexuelle et peuvent, tout comme l'ombre, avoir une influence négative sur nos relations avec l'autre, mais ils nous invitent également, à l'occasion des rencontres avec des personnes de l'autre sexe, à élargir notre conscience.

Par-dessus tout, ces archétypes peuvent brouiller notre perception de la réalité : la tentation est grande de rendre quelqu'un d'autre responsable de notre malheur ou, au contraire, de lui demander de donner un sens à notre vie, évitant ainsi d'être pleinement responsables, présents à nous-mêmes, en lien avec nos composantes psychiques, féminines et masculines.

Il est donc important de repérer l'*anima* et l'*animus* dans nos conduites avec les autres et dans nos rêves, surtout quand ils contiennent des personnages du sexe opposé inconnus, parfois « déifiés ». À notre époque, des figures mythologiques sont projetées sur des célébrités et des stars. La beauté et l'amour étaient incarnés par Vénus, pour les Romains, et par Aphrodite pour les Grecs. Aujourd'hui ce sont Zinedine Zidane, Brad Pitt, Madonna ou Pénélope Cruz qui peuvent fasciner certains parce qu'ils représentent la réalisation de leurs rêves et désirs d'adolescents[1].

1. Robertson R., *op. cit.*, p. 163.

De l'archétype à l'individu sexué

À partir de l'archétype de la Grande Mère, ce maternel qui précède notre mère réelle, l'homme s'imprègne de sa composante féminine inconsciente, l'*anima*, et la femme de sa composante masculine inconsciente, l'*animus*, ce qui forme un couple symbolique en chacun. La présence complémentaire de l'*animus* ou de l'*anima* facilite ainsi nos relations avec une personne de l'autre sexe, profondément « autre[1] ». Ces archétypes, des empreintes collectives, sont profondément enracinés en chacun d'entre nous et ne proviennent pas de notre histoire personnelle. Jung a élaboré ces archétypes en référence à des stéréotypes de l'identité masculine et féminine qui étaient ceux de la société occidentale au début du XXe siècle[2] ; ces caractéristiques ont évolué depuis, mais la relation de complémentarité entre les hommes et les femmes, consciente et inconsciente, persiste.

La description faite ici de l'*animus* et de l'*anima*, et donc des caractéristiques masculines et féminines, peut surprendre et même choquer certains lecteurs. N'oublions pas encore une fois qu'il s'agit de représentations collectives et archaïques ; pour autant, elles n'en agissent pas moins sur nous. On constate souvent dans des échanges que l'homme, ou la composante masculine chez la femme, cherche spontanément à élaborer ses pensées d'une manière abstraite, rationnelle et incisive, alors que la femme, ou la composante féminine chez l'homme, s'appuie davantage sur des notions concrètes, tangibles et « colorées » de sentiments. Sans doute enracinées dans

1. Thibaudier V., *op. cit.*, 1988, p. 15.
2. Dorly C., « Animus/anima », *Dictionnaire Jung*, *op. cit.*, p. 25.

la réalité et l'imaginaire de la procréation – le spermatozoïde pénètre l'ovule qui, s'il est disponible, le choisit, s'ouvre et l'accueille. Nos représentations situent plutôt l'action et l'initiative du côté du masculin, la disponibilité et la réceptivité du côté du féminin.

Retenons donc que l'être humain est en même temps unique et participe, biologiquement et psychologiquement, de l'universel. Les archétypes sont collectifs. À l'opposé se trouve « l'individu », un être in-divisible, unique, limité, séparé de l'autre, tout en étant capable d'être en lien profond avec autrui. Dans la mesure où l'on est un « individu », il n'y a plus d'*a priori* sur « les » femmes et « les » hommes, pris comme des entités générales. Les hommes ne sont pas tous semblables, les femmes non plus ; chacun est unique.

Notons que plus nous sommes sous l'emprise de l'*animus* ou de l'*anima*, plus il nous est difficile de prendre conscience de leurs effets. De toute manière, nous ne pouvons repérer leurs manifestations qu'à l'occasion d'une relation avec une personne de l'autre sexe, faute de quoi, leur présence nous échappe et il nous est impossible de reconnaître les projections faites sur l'autre. En fait, elles nous appartiennent également.

Lorsque nous « tombons » amoureux, nous sommes sous le pouvoir inconscient de l'*animus* et de l'*anima*. Puis, la vie quotidienne dissipe ces illusions. Dans le meilleur des cas, cela permet le retrait des projections sur l'autre et le couple peut commencer une relation plus authentique, reconnaissant chacun pour ce qu'il est. Dans des cas moins heureux, dès que la personne réelle est perçue derrière l'archétype projeté, et une fois l'illusion dissipée, le couple risque de se séparer.

L'*animus*

Par sa nature, la femme est potentiellement mère et donc reliée, dans son être physiologique et psychique, directement au mystère de la vie et de la création. Elle entretient par là, plus naturellement que l'homme, des relations intimes avec elle-même et avec les autres ; elle est spontanément proche de ses intuitions et sensations. Pour réaliser tout son potentiel, la femme s'appuiera sur son principe masculin inconscient, l'*animus*, qui lui facilitera l'accès à l'analyse et à la réflexion. Le père est pour elle la première incarnation de l'*animus* ; il incarnera la loi, la force et le sens de la parole. La femme projettera ensuite son *animus* sur tout être masculin.

*Sous l'emprise négative de l'*animus la femme a tendance à être brutale et hyperactive ; ses relations avec les hommes sont alors davantage régies par le désir de pouvoir et de conquête que par le sentiment. De ce fait, elle entretient des rapports de force avec les hommes et de plus, elle a du mal à développer une aptitude à la parole juste et au pouvoir. Elle aura également de la difficulté à entreprendre des actions qui feront sens dans sa vie[1] et attendra de l'homme sur lequel elle a jeté son dévolu – et projeté son *animus* – qu'il soit capable d'incarner ses qualités et compétences. Plus sa dimension masculine inconsciente est restée frustrée, plus elle sera en quête d'hommes qui incarnent une virilité primitive : champion de sport, prof de gym ou pilote de course, par exemple, sont ses cibles privilégiées de projection. En revanche, une femme dont l'*animus*

1. Jung C.G., *Aion*, Albin Michel, 1976, p. 28.

est plus évolué sera attirée par des hommes qui ont accès à une certaine sagesse de la vie.

C'est seulement dans la mesure où la relation avec son principe masculin inconscient est équilibrée que la femme peut s'épanouir. La connaissance de cette dimension est essentielle pour lui permettre de faire la distinction entre ce qui appartient à sa composante masculine et ce qui appartient à l'homme en face d'elle. Pour cela, il est indispensable que la femme distingue les attentes qu'il est en mesure de combler, de celles venant d'une projection massive de son *animus*. Autrement, l'homme devrait assumer à la fois les fonctions d'un père, d'un frère, d'un fils, d'un amant et d'un sage...

Dans les filets de la relation fusionnelle avec la mère

Lisa, en train de divorcer, continue à vivre une relation intime avec son ex-mari. Un jour, elle rencontre Ali chez des amis communs : ils éprouvent immédiatement une forte attirance réciproque. Amoureux, ils font beaucoup de projets, mais se heurtent très rapidement à des attentes différentes pour chacun. Ali travaille la nuit et est très fatigué la journée ; Lisa travaille la journée et ne supporte plus de devoir attendre le retour d'un amant exsangue. Finalement ils ne passent que leurs dimanches ensemble, ce qui devient de plus en plus conflictuel. Ils n'arrivent plus à vivre de bons moments l'un avec l'autre. De plus, Ali ne rêve que d'épouser Lisa qui n'est pas encore dégagée de la relation avec son « futur ex-mari ». Lisa hésite beaucoup à quitter ce dernier car il représente une sécurité existentielle et financière, est le père de leurs enfants, l'architecte de leur magnifique appartement et très apprécié par les habitants de son village.

Au-delà de l'attirance psychique et physique, le « choix inconscient » des amants provenait du fait qu'ils étaient tous les deux encore arrimés à leurs pères et mères imaginaires ; d'où leurs besoins exacerbés de chercher, en sourdine, de la sécurité et de la réassurance auprès de leurs partenaires. Lisa n'est pas encore sortie d'une relation fusionnelle avec sa mère, sur laquelle elle continue à projeter une image de toute-puissance : elle n'est donc pas libre de s'engager pleinement avec un homme. Quitter son premier mari la confronte à ses angoisses d'abandon, car une vie avec Ali ne lui paraît pas du tout rassurante ; elle peut même imaginer qu'il la quitte un jour pour une autre. Il ne correspond donc pas à l'image d'une mère protectrice et tranquille. Ali, par contre, poursuit sa chimère, espérant que Lisa pourra un jour quitter son « mari-maman » et vivre avec lui.

Mais alors pourquoi Lisa et Ali n'arrivent-ils pas à se quitter ? L'un comme l'autre ont grandi dans un grand manque et s'attendaient à rencontrer la personne idéale qui allait combler leur solitude et les rendre heureux. Se trouver seuls face à eux-mêmes leur paraît plus insoutenable que de vivre à deux dans une alternance de conflits, de frustrations et de réconciliations. La présence de l'autre est préférable au néant et au sentiment de n'être l'amour de personne. Le dilemme est grand, car vivre ensemble ou ne pas vivre ensemble leur est également insupportable.

Ce besoin de « combler un manque » nous amène parfois à rester dans une relation de couple insupportable ou dans une situation professionnelle désagréable. Nous craignons tant de faire le saut dans le vide qui exigerait des capacités d'adaptation importantes et nous demanderait d'accepter de faire face à l'inconnu en nous.

La relation de couple est d'abord faite d'échanges lucides entre l'un et l'autre, mais elle s'élabore parallèlement aussi de manière inconsciente. Chacun puise chez l'autre ce qui lui manque : l'un sera plus à l'aise dans la pensée rationnelle, l'autre davantage dans l'expression des sentiments. L'un aura tendance à se présenter comme fort et assuré, tandis que son ou sa partenaire apparaîtra plutôt comme timide et fragile. Ainsi, une femme mal à l'aise en société, peut trouver dans la sociabilité de son compagnon une compensation à ses difficultés.

Généralement, une projection idéale sur le ou la partenaire ne dure pas longtemps, car le décalage entre l'image projetée et la personne réelle devient rapidement évident, et provoque alors une crise du couple. Celle-ci peut s'avérer féconde à condition que chacun se réapproprie ce qui a été projeté sur le partenaire, en prenant consciemment en charge la projection de l'ombre négative ou positive d'ailleurs, concernant son idéal social, intellectuel ou philosophique.

De plus, une relation de couple ne ressemble pas à un conte de fées dans lequel, au terme de nombreuses épreuves, les amoureux se retrouvent finalement unis, et selon la formule « se marient et ont beaucoup d'enfants », comme si le bonheur était « garanti » jusqu'à la fin de leurs jours. Dans la réalité, l'engagement des deux partenaires est le début d'une aventure à deux, pleine de surprises, heureuses ou malheureuses, qui se révéleront au fur et à mesure des épreuves de la vie. Chacun se « dé-couvre » et, par là-même, « découvre » progressivement l'autre, pour le meilleur et pour le pire.

En revanche, *l'aspect positif de l'*animus chez une femme harmonise ses dimensions masculines et féminines et favorise sa capacité de conscience, de réflexion et de connaissance d'elle-même, ainsi que son intérêt pour la métaphysique et la philosophie.

La sagesse de l'*animus*

Monique doit subir une intervention chirurgicale grave, dont les résultats sont incertains. Au cours de nos rencontres, elle prend peu à peu de la distance avec sa panique face aux risques de cette opération, ce qui fait surgir en elle un élan pour son mari. Elle ressent alors pour lui un amour très profond. Elle accède à une paix, une sagesse, une acceptation de ce qui doit advenir ; elle lui transmet sa sérénité, espérant qu'il puisse se sentir porté par son amour tout au long de l'épreuve qu'ils auront à traverser ensemble.

Monique a réussi à trouver une certaine tranquillité dans ce moment difficile : s'appuyant sur la composante positive de l'*animus*, elle a pu trouver une force paisible et rassurante en elle-même, tout en restant une femme à part entière. Cet exemple nous montre que l'évolution psychique d'une femme s'accompagne également de celle de sa dimension contrasexuelle, son masculin. Plus une femme est en lien avec un *animus* positif, plus elle est en harmonie avec son féminin, disponible à une énergie et une sagesse qui lui permettent de prendre du recul et d'accéder à une compréhension profonde de la vie.

L'*anima*

L'homme est en général plus à l'aise avec la pensée logique « rationnelle », cette pensée est pointue et lui permet de discriminer, d'analyser et de s'approcher du mystère de la vie. En revanche, il est moins naturel pour lui d'accéder spontanément à la relation. Le principe féminin, l'*anima* chez l'homme, l'ouvre à la possibilité d'être en lien profond avec lui-même et les autres, de se rapprocher de l'intuition, de la réceptivité, du corps et du silence. La mère est le premier support des projections de son fils[1] ; l'*anima* est donc véhiculée par l'amour maternel, qui fonctionne comme un miroir, reflétant ses pensées, désirs et émotions. L'homme projettera ensuite l'*anima* sur tout être féminin.

*Sous l'emprise négative de l'*anima, l'homme attend d'une femme qu'elle soit entièrement présente pour lui, tout en ayant peur qu'elle l'étouffe, le contrôle, le possède et qu'il en perde son identité virile. Cette appréhension à l'égard de la femme peut signifier qu'il n'a pas encore coupé les liens primitifs avec sa propre mère, son premier amour.

Entre possession et liberté

Henri un homme de quarante ans, entretient depuis de nombreuses années une relation avec une femme qu'il pense aimer. Cette femme lui demande de manière de plus en plus pressante de vivre avec lui, de s'installer dans un appartement commun. Par peur de perdre son indépendance, il fait la sourde oreille, ce qui exacerbe l'insistance de son amie. Fatiguée d'attendre, elle commence même à lui faire comprendre qu'il pourrait avoir à choisir entre une vie à deux ou une rupture.

Henri, conscient des énormes divergences qui les séparent, n'est pas enchanté à l'idée d'une vie commune. Il sait bien qu'en réalité, ils ont peu de choses à partager : il aime le football, les sorties nocturnes entre amis, les réunions conviviales avec les proches et la famille. Elle, par contre, aime le cinéma, le théâtre, les soirées paisibles et intimes et les lectures, lovée dans son fauteuil préféré.

1. Jung C.G., *Aion*, *op.cit.*, p. 27.

Au fil du temps, Henri s'enfonce dans une dépression ; il se sent déchiré entre l'attachement qu'il a pour cette femme, la peur de la perdre, et sa vie avec ses amis. Il n'arrive ni à rompre avec sa vie actuelle, ni à se séparer.

Extraverti de nature, il a l'impression qu'il devra étouffer sa vitalité dans le « nid » que celle-ci lui promet. Va-t-il pouvoir, à cette occasion, envisager une vie plus introvertie avec son amie ? Va-t-elle lui permettre une intimité à laquelle il aspire, ou va-t-elle l'étouffer ?

Henri est le benjamin d'une famille repliée sur elle-même, dont les deux sœurs aînées n'ont évidemment pas manqué de jouer « à la poupée » avec lui. Petit dernier, il a été dorloté et couvé par sa mère, d'où son besoin irrépressible de liberté. Il ressent donc rapidement tout lien comme une menace d'aliénation.

« Possédé » par sa part féminine négative, un homme est égocentrique, a des revendications et ressentiments multiples, et a tendance à développer des relations de type adolescent, restant incapable d'un lien profond. Par peur d'être abandonné, il cherche à posséder sa femme. Comme il lui est très difficile d'accéder à ses propres sentiments, il est d'humeur instable, susceptible et irascible ; incapable d'écouter et de dialoguer, il a du mal à se contrôler et se trouve fréquemment dans des situations conflictuelles.

Notons que d'une manière générale, l'homme a tendance à se méfier de tout ce qui n'est pas conforme à la logique rationnelle. Par contre, *l'aspect positif de l'*anima lui permet d'utiliser ses capacités relationnelles et d'être en contact avec son inconscient et sa réceptivité. Il est ainsi capable de s'intéresser aux sentiments – médiateurs entre conscient et inconscient. Il peut donc « épouser » son féminin inconscient et, par là, une réceptivité féminine qui lui donne accès à une position d'accueil et d'ouverture.

Tout au long de son évolution, l'être humain chemine au niveau de sa composante contrasexuelle. Prenons l'exemple d'un homme qui a vécu de nombreuses liaisons importantes. Aujourd'hui il les passe en revue : quels types de femmes l'ont inspiré au cours de sa vie ? Dans un premier temps, il a ressenti une fascination pour la beauté, puis une expérience sexuelle enivrante, une relation avec une femme qui était à son service, puis avec une femme qui avait des ambitions intellectuelles importantes… enfin cet homme a fait une rencontre par laquelle il a eu accès à son monde interne et développé des capacités d'accueil et de relation profonde.

« L'autre » : pont ou obstacle ?

À mi-chemin de la vie, l'impact de l'*anima* et de l'*animus* se pose d'une manière particulièrement aiguë. Au cours de cette période de mutation, nous nous retournons vers notre passé et faisons le bilan de notre vie affective et sentimentale : nos amis, nos amours...

Nous sommes en permanence dans une quête impérieuse de l'autre. Mais comment prendre conscience et évaluer les effets des archétypes de l'*anima* et de l'*animus* sur nos relations ? L'idée d'être possédés par des dimensions contrasexuelles que nous projetons sur des personnes de l'autre sexe est bien souvent éloignée de notre conscience, ce qui peut nous conduire à des jugements implacables à l'égard de notre partenaire, sans nous rendre compte de nos projections dissimulées derrière ces accusations.

Il nous faut donc admettre que nos relations avec les autres, et particulièrement les rapports complexes entre hommes et femmes, sont marqués par des composantes contrasexuelles inconscientes qui interfèrent dans nos relations et peuvent provoquer des conflits. Ainsi, chaque couple met en jeu un modèle quaternaire : un homme et une femme se rencontrent à la fois sur un plan conscient et dans leurs dimensions contrasexuelles inconscientes collectives, l'*anima* et l'*animus*. Cette intrication complexe du conscient et de l'inconscient, du personnel et du collectif, peut conduire à des conflits insurmontables mais aussi à des relations riches d'échanges.

Pour qu'un homme puisse découvrir l'existence de son *anima* et se confronter avec elle, il doit intégrer en lui quelque chose qu'il a souvent considéré, jusque-là, comme inférieur. En effet, pendant très longtemps le féminin a été, dans notre culture, jugé inférieur au masculin. Pour qu'une femme, *a contrario*, puisse accepter les aspects de son *animus*, elle doit dépasser son manque de confiance et sa tendance à rester dans une attente passive à l'égard de l'autre. Intégrer l'*animus* ou l'*anima* exige du courage, de la volonté et de la sincérité, pour l'homme comme pour la femme.

Les puissances inconscientes de l'*animus* et de l'*anima* conditionnent nos relations avec le sexe opposé. Nous prenons, en particulier, conscience de la présence de l'*anima* et de l'*animus*, lorsque nous revivons plusieurs fois en couple les mêmes types de conflits, malgré le soin que nous avons pris de ne surtout plus choisir un partenaire qui nous rappellerait la dernière mésaventure relationnelle. Mais, le pouvoir inconscient de l'*animus* ou de l'*anima* dépasse notre volonté consciente. Ces figures internes fonctionnent donc comme des archétypes de relation : elles instaurent un pont entre notre inconscient et celui de l'autre, ce qui explique leur impact considérable sur nos relations[1].

En étant attentifs à notre partenaire, nous pouvons établir « un état des lieux » de notre facette contrasexuelle ; ce que nous constatons, chez lui ou elle, correspond bien souvent à notre masculin ou féminin inconscient. Il serait ainsi utile de faire un « recensement » de tous nos partenaires, ceux de notre passé et celle ou celui du présent, pour évaluer où nous en sommes dans l'évolution de notre *animus* ou *anima*. Une femme qui se plaint de son compagnon pourrait par exemple s'interroger sur ce qui, en elle, a quelque chose à voir avec ce qu'elle lui reproche. Si elle déteste sa manière méprisante de parler des femmes, n'a-t-elle pas elle aussi du mépris, en particulier pour les hommes ? Et cet homme qui reproche à sa femme de réclamer constamment plus d'attention, n'éprouve-t-il pas lui aussi le besoin d'être au centre de tous les regards, d'autant plus s'il dépense la plus grande partie de son énergie à être, partout et toujours, « le premier » ?

Une chose est certaine : lorsque l'homme ou la femme n'identifie pas ce qu'il ou elle projette de son ombre contrasexuelle, il ou elle peut se trouver envahi de ressentiments, de rancœurs et d'une animosité souvent réciproques qui se manifestent par des reproches incessants[2], provoquant parfois un climat de destruction féroce.

Par ailleurs, la prise en charge consciente des archétypes de l'*anima* et de l'*animus* évoluent au fur et à mesure de notre maturation : se

1. Jung C.G., *Aion*, *op. cit.*, p. 26-30.
2. Jung C.G., *Aion*, *op. cit.*, p. 29.

libérer de l'emprise inconsciente de ces archétypes contribue d'une manière essentielle à l'amélioration de nos capacités relationnelles et à notre accomplissement personnel.

Nous avons vu qu'à travers le choix inconscient de notre partenaire, nous sommes lancés dans l'aventure d'une union avec notre opposé et complémentaire. Cette union reconstitue « une paire originelle » qui symbolise toutes les paires de contraires existantes : le conscient et l'inconscient, le bien et le mal, le beau et le laid, le chaud et le froid, la lumière et l'obscurité[1]...

Nous aurons ainsi l'occasion de rencontrer chez notre partenaire des aspects inconnus, étrangers, parfois à l'opposé de ce que nous connaissons de nous-mêmes. Ces figures internes révélées à l'occasion de l'autre nous permettent d'être concrètement au contact de notre inconscient. Dans la mesure où nous projetons des dimensions valorisantes sur notre partenaire, cela crée une complicité, un respect et un élan. En revanche, quand nous projetons des aspects moins honorables sur notre conjoint, cela déclenche nos critiques et notre agressivité.

D'où la nécessité de dialoguer pour pouvoir rencontrer l'autre au-delà de nos projections : apprendre à échanger donne une chance au couple, mais aussi à chacun. Notre partenaire peut donc nous donner l'opportunité de nous « confronter[2] » avec un « autre » en

1. Jung C.G., *Psychologie et Alchimie*, Buchet/Chastel, 1970, p. 192.
2. « Se confronter à » correspond au verbe allemand *« sich auseinandersetzen »* qui veut littéralement dire « s'asseoir pour se confronter du dehors et du dedans avec l'autre en soi ».

nous, nous permettant ainsi d'être en lien avec la dimension sexuée de notre inconscient.

La construction d'une relation de couple harmonieuse contribue à l'accomplissement de chacun, et représente un travail de longue haleine. Réaliser cette unification d'abord en nous-mêmes, puis avec notre partenaire, exige l'engagement profond de deux êtres fondamentalement différents, complémentaires et indispensables à l'évolution de chacun. L'idéal auquel nous pouvons alors aspirer serait de pouvoir aimer l'autre non pas à partir de nos manques, mais de notre plénitude.

Dialogue intime

- Quels sont les défauts que vous avez du mal à supporter chez les autres ?

....

....

....

....

- Quelles sont les qualités que vous enviez à l'autre ?

....

....

....

....

- Quelle est la place de l'autre dans votre vie ?

....

....

....

....

- Avez-vous souvent le sentiment que vos échecs sont causés par les autres ?

....

....

....

....

Pour les lectrices :

- quelle est la femme qui vous a particulièrement inspiré ?

....

....

....

....

- avec quel type de femme vous est-il difficile d'être en lien ?

....

....

....

....

- qu'attendez-vous, idéalement, d'un homme ?

....

....

....

....

- quel défaut chez l'homme vous est intolérable ?

....

....

....

....

Pour les lecteurs :

- quel est l'homme qui vous a particulièrement inspiré ?

  ....

  ....

  ....

  ....

- avec quel type d'homme vous est-il difficile d'être en lien ?

  ....

  ....

  ....

  ....

- qu'attendez-vous, idéalement, d'une femme ?

  ....

  ....

  ....

  ....

- quel défaut vous est intolérable chez la femme ?

  ....

  ....

  ....

  ....

Chapitre 8

« Enceint » de soi

« Nous naissons, pour ainsi dire, provisoirement, quelque part ; c'est peu à peu que nous composons en nous le lieu de notre origine, pour y naître après-coup, et chaque jour plus définitivement. »

Rainer Maria Rilke

La crise du milieu de vie est également une des crises de croissance[1]. Elle est au moins aussi importante que celle de l'adolescence, comme si ces deux moments charnières de notre vie se faisaient face, symbolisant deux portes d'entrée : l'une vers notre identité sociale, élaborée au contact du monde extérieur et l'autre vers une identité plus complète, conquise par la confrontation avec notre monde interne.

1. Allain-Dupré B., « Violence archétypique et fin d'analyse », *Cahiers jungiens de psychanalyse*, n° 123, 2007, p. 19.

Cette crise à mi-chemin de la vie récapitule les passages et les séparations précédentes, à commencer par la relation primaire avec la mère, notre enfance, puis notre adolescence. Toutes ces étapes ont la valeur d'un moment initiatique ; elles nous conduisent à une assise plus complexe et entière de notre identité sexuée. Se séparant d'une étape du passé, rectifiant nos anciennes positions, nous sommes propulsés vers une organisation différente de notre énergie psychique, de notre vision de nous-mêmes et des autres.

Au début de notre vie, nous sommes dominés par notre inconscient et nos instincts. Pris dans une identité archaïque, nous vivons dans l'illusion d'une unité toute-puissante fusionnelle avec la mère originaire. En fait, notre maturation passe par la différenciation d'avec cette unité originelle, cet espace protecteur imaginaire, afin de réaliser nos propres potentialités. Rappelons-nous que, même à l'âge adulte, notre identité consciente est encore fragmentaire. En prenant de l'âge, nous sortons progressivement de l'inconscience et nous réalisons que nous sommes une personne à part entière avec une vie à mener et des tâches à accomplir.

Nous entrons ensuite dans une autre spirale de notre existence, avec une conscience enrichie par des messages de notre inconscient : à travers les rêves, nos relations avec les autres, nos conflits et nos élans. Nous pouvons à présent les accueillir pour en comprendre le sens. Nous prenons ainsi de la distance avec nos aspirations matérielles et notre besoin d'être sur le devant de la scène pour nous tourner vers notre univers psychique.

À mi-chemin de la vie, un « moment juste » s'est peut-être présenté à nous pour nous rappeler qu'il est l'heure d'écouter attentivement les dispositions inconscientes, comme le « processus d'individuation » et le « Soi », qui nous poussent à approfondir notre connaissance de nous-mêmes.

Le moment juste : Kairos[1] (καιροσ)

Selon la mythologie grecque, Kairos est la personnification du moment opportun. Parfois il désigne également des moments critiques et dangereux, mais il est, le plus souvent, associé à une occasion favorable. Contrairement à Chronos, le temps linéaire, Kairos représente un temps qualitatif.

Selon Ion de Chios[2], il est le plus jeune fils de Zeus et une statue lui était consacrée, à l'entrée du stade olympique : les dignitaires et les athlètes y passaient avant les jeux et ces derniers lui faisaient face en finissant leur course. Cette statue le représente comme un jeune homme pourvu d'une mèche de cheveux blonds sur l'avant de sa tête, contrastant avec l'arrière de sa tête, chauve. Pour les Grecs, ce jeune éphèbe incarne le moment juste. La statue, réalisée par le sculpteur Lysippos, portait une inscription selon laquelle elle devrait figurer dans chaque entrée d'habitation, comme une leçon, un message dont il faut se rappeler.

Kairos passe près de nous à un moment donné de notre vie. Selon notre disposition d'esprit, soit nous ne le voyons pas, soit nous le

1. La notion de Kairos a émergé en Grèce au cours du IVe et du Ve siècle avant J.-C., à une époque où l'être humain était perçu comme indépendant de la volonté divine ; il était donc nécessaire de prêter attention à « Kairos » et de prendre son destin en main.
2. Jennings V., Katsaros A., *The world of Ion of Chios*, *Book News*, Inc., 2007, p. 331-346.

voyons et le laissons passer sans agir, soit nous tendons la main pour saisir sa touffe de cheveux afin de l'arrêter, et par là même arrêter le temps. Ceci implique que celui qui passe à côté de lui sans saisir sa mèche, se trouve face au crâne chauve et passe à côté de sa chance : le moment de l'action favorable est passé et cette occasion ne se représentera plus.

Il symbolise ainsi l'opportunité d'agir au moment juste, c'est la coïncidence de l'action humaine et du temps : le temps est propice et l'action constructive. Cette action doit se faire ni trop tôt, ni trop tard. Kairos est saisissant pour celui qui le distingue : le choc de la réalité se révèle alors significatif et peut entraîner une prise de conscience bouleversante.

Désignant un temps subjectif et fugitif, il est profondément ressenti par celui qui le perçoit. Par exemple, l'artiste doit attendre le moment où « sa matière » est mûre pour créer et doit savoir se soumettre à cette nécessité. *« Jamais il ne doit quitter sa tâche »*, dit Platon, *« sous peine de laisser passer Kairos, et de voir l'œuvre gâchée »*[1].

Cet instant crucial, le fruit du « hasard », semble renvoyer à une dimension cachée de l'ordre des choses, à leur déroulement imprévisible, liée à une temporalité qui nous dépasse. *« Lorsque l'orage a bien enténébré la terre, soudain le vent faiblit, la pluie s'arrête, la nue s'entrouvre – et c'est l'embellie, une clairière de lumière soudain, dans un lieu de désolation. L'homme a senti le passage de Dieu, et tel est le καιροσ[2]. »*

1. Vernant J-P., *Mythe et pensée chez les Grecs*, Maspéro, 1965, p. 59.
2. Romeyer Dherbey G., *La parole archaïque*, PUF, 1999, p. 11-12.

Guéri par la maladie

Philippe, un homme très débrouillard, est plombier ; il est aujourd'hui à la tête d'une petite entreprise qui prospère. Tout a l'air d'aller bien dans sa vie. Et puis, le jour de son quarante-deuxième anniversaire, il apprend qu'il est atteint d'un cancer. C'est un choc terrible ; il en est effondré. Il tombe alors dans une dépression grave et douloureuse et fait l'expérience d'une souffrance psychique intense qui réveille en lui le souvenir de la profonde dépression de son père qui a « plombé » son enfance. Après ce premier choc, il prend très vite les choses en main, d'une manière énergique et efficace, selon son habitude : il s'entoure des meilleurs médecins, à la fois spécialistes de la médecine traditionnelle et parallèle.

Il s'attaque à la maladie comme il aurait relevé un défi professionnel, avec l'envie d'épater tout le monde. Il suit à la lettre les consignes des médecins qui sont impressionnés par la rapidité de l'involution de la tumeur. De plus, la fatigue lancinante qui accompagne cette épreuve lui permet de réduire ses activités professionnelles et sociales et de faire le point sur sa vie.

Souvent nous avançons dans la vie habités encore, à notre insu, par des idées toutes faites et des vérités qui datent de notre jeunesse, jusqu'au moment où un événement nous conduit à « revisiter » des façons de voir que nous n'avions pas remises en question jusque-là. Habités par un sentiment d'urgence, nous remettons alors « les pendules à l'heure » ; une prise de conscience fulgurante peut nous amener à réorganiser nos priorités.

Ainsi la maladie, et tout ce qu'elle a suscité, a été pour Philippe l'occasion inespérée d'une transformation importante qui le rapproche de lui-même. Ce « coup de tonnerre dans un ciel bleu » lui a permis de prendre conscience que son investissement démesuré dans son métier l'avait jusque-là détourné du sens de sa vie. Il avait été enfermé dans un cercle vicieux : toujours « stressé », il avait tout juste le temps de parer au plus pressé sans avoir le temps de respirer et de vivre pour lui-même.

Kairos a donc été pour lui, à l'occasion du cancer, le moment opportun à saisir pour « renaître » à lui-même. La maladie l'a contraint à cesser sa course quotidienne pour réfléchir, « à tête reposée », au moment où il avait l'impression de tourner en rond et était las de se sentir prisonnier d'un emploi du temps « démentiel ». Il a pu ainsi modifier son système de valeurs, se rapprocher de sa femme et se tourner vers une profession plus adaptée à ses talents naturels.

« Synchronicité » et Kairos

Nous pouvons remarquer une certaine parenté entre la « synchronicité » (voir chapitre 3, page 41) et Kairos, dans le regard attentionné que l'on porte aux événements qui semble arriver « par hasard ». Toutefois, la synchronicité est davantage l'expression d'un signe, d'une invitation à accueillir, une coïncidence significative entre des événements pour en faire sens, tandis que Kairos nous indique une action concrète à entreprendre à un moment précis.

Cheminer vers soi : le « processus d'individuation »

Chacun d'entre nous est, dès sa naissance, en chemin vers lui-même. Nous sommes agis par le « processus d'individuation » : une force pulsionnelle spontanée qui nous anime comme la sève irrigue l'arbre, le fait sortir de terre et croître. Ce processus fait de nous un « in-dividu », une entité indivisible, une totalité en harmonie avec nous et avec les autres[1]. Nous nous humanisons par la confrontation de nos parts conscientes et inconscientes, du personnel et du collectif. Le processus de maturation est engagé lorsque nous avons intégré la partie contraire et inconsciente de notre image. La transformation qui en résulte est considérable, mais elle déclenche des conflits, des souffrances, dues à des tensions entre des pôles contradictoires de notre personnalité.

Le processus d'individuation[2]

Jung nous dit à ce sujet que « l'instinct d'individuation se trouve partout dans la vie, car il n'y a pas de vie sur terre qui ne soit individuelle. Chaque forme de vie est, par nature, manifestée par un être différencié ; c'est une poussée innée de la vie que de produire un individu aussi complet que possible - par exemple un oiseau paré de toutes ses plumes et de toutes les couleurs ayant la taille qui appartient à cette espèce particulière [...] la poussée de réalisation incite donc naturellement l'homme à être lui-même ; et il se développerait fort probablement dans sa propre forme s'il n'avait pas des obstacles et des inhibitions de toutes sortes qui l'empêchent de devenir ce qu'il est véritablement destiné à être[3] ».

L'émergence de ce processus est naturelle, mue par une poussée inconsciente qui fait partie de notre évolution d'être humain. On peut y prêter attention ou pas, mais cela se fait. Cette poussée pulsionnelle, aussi puissante que la pulsion sexuelle, nous oblige, envers et contre tout, à entrevoir ce que nous sommes au fond,

1. Agnel A., « Individuation », *Dictionnaire Jung*, *op. cit.*, p. 91.
2. Jung C.G., *L'Âme et le Soi*, Albin Michel, 1990, pp. 63-143.
3. Jung C.G., *Commentaires sur le Kundalini Yoga*, Cahiers de l'Herne, 1984, p. 207.

et ce que nous pourrions devenir. Elle nous pousse vers notre accomplissement d'adulte, nous confrontant à différentes figures internes inconnues de nous. Nous nous dégageons ainsi progressivement de l'inconscient ; sinon, ses forces obscures continueront de nous dominer, nous gardant prisonniers d'un monde archaïque et imaginaire.

Nous pourrons ainsi comprendre, après-coup, que toutes les manifestations inconscientes décrites jusque-là comme « l'éternel adolescent », « la *persona* » et « les complexes » nous permettent peu à peu de nous rapprocher de l'inconscient. Mais c'est plus particulièrement grâce à « l'ombre », « l'*animus* » et « l'*anima* », enclenchés, animés et propulsés par le processus d'individuation, que nous serons amenés à nous différencier de l'inconscient collectif. Ce processus favorise notre maturation et notre croissance psychique, car il nous pousse « à réaliser, par la mise en tension des opposés, une unité plus complexe de notre personnalité[1] ». L'intégration consciente de cette complexité participe pour beaucoup au fait que nous devenons un « individu entier », faisant nôtres les facettes contradictoires, comme celles de notre ombre et de nos composantes contrasexuelles, inconscientes pour beaucoup d'entre elles.

Notre conscience émerge de l'inconscient. Le « processus d'individuation », cet élan de croissance, nous incite à tendre vers notre entièreté ; il nous humanise et nous aide à percevoir, autant que possible, l'impact des forces inconscientes. Le milieu de vie est un moment opportun pour prendre conscience de cette aventure.

1. Agnel A., *Le vocabulaire de Carl Gustav Jung*, Ellipses, 2005, p. 53.

L'individuation est donc ce processus qui dirige notre existence et par lequel un être humain se défait peu à peu de ce qui l'empêche de devenir lui-même – à l'instar d'un diamant brut que l'on taille pour extraire la quintessence de son éclat.

Nous pouvons entrevoir la complexité de notre personnalité comme le négatif d'une photo qui se révèle au fur et à mesure que la chimie fixe les contrastes. Ceci à condition que notre identité consciente, à laquelle nous sommes habituellement rivés, supporte un dialogue intense avec l'inconscient, et intègre peu à peu la nouvelle donne, prenant en compte nos aspects inconnus, « négatifs », contraires ou complémentaires à notre image. C'est ainsi que se fera le « mariage » entre conscient et inconscient, au prix de remises en questions et de concessions, en renversant nos bastions de convictions.

Le cas suivant illustre cette évolution : un homme a construit sa vie avec un objectif d'ascension sociale qui l'a dans un premier temps éloigné de ses racines, avant de retourner vers les siens, enrichi de son expérience de vie et réconcilié avec ses origines.

Réconcilier nos différentes facettes

Carlos est fils d'immigrants marocains ; ses parents, d'origine très modeste, ont reporté leurs ambitions sur leurs six enfants, qui avaient pour mission, consciemment et inconsciemment, de prendre une revanche sur les humiliations subies en France. Ces enfants, délaissés et dévalorisés, « gardés » par des grands-parents « fous de détresse », ont grandi dans un chaos matériel et psychique. Chacun a poursuivi un rêve, à sa manière, pour dépasser la trajectoire d'un destin apparemment inéluctable. Ils ont tous fait preuve de beaucoup de courage pour faire leur chemin et s'adapter aux exigences de la société française ; l'un est devenu gardien de prison, d'autres ont intégré des écoles de commerce. Carlos est devenu médecin ; il a employé toute son énergie à « dépasser » son père et sa mère. En soignant ses patients, il a également pansé les blessures sociales et corporelles de ses parents, très fiers de lui.

Il se rapproche d'eux au moment où tous deux tombent malades : sa mère devient impotente et son père souffre de graves troubles cardiaques. À ce moment Carlos entreprend un travail analytique et fait des allers-retours incessants entre la France et le Maroc, où ses parents se sont retirés.

À leurs morts, un grand chagrin le submerge ; il a le sentiment d'être orphelin depuis toujours, car ses parents n'ont jamais pu s'occuper de lui, tant ils étaient absorbés par un travail mené jusqu'à l'épuisement, pour subvenir aux besoins de la famille.

En quittant le Maroc pour faire ses études de médecine en France, Carlos a tourné le dos à son pays et aux souvenirs pénibles qui y étaient attachés. Plein de mépris pour le pays de son enfance, le travail manuel, la pauvreté, il a du mal à rendre visite à ses parents, uniquement préoccupés par leur survie. Lui avait par contre investi dans des signes extérieurs de richesse et une apparence qui empêchait d'imaginer « d'où il venait ». Pendant longtemps, il avait eu honte de ses origines, il s'était coupé de sa fratrie, de ses parents, de sa langue maternelle ; ce n'est qu'après une longue remise en question qu'il a pu retrouver ses racines.

Peu à peu, Carlos a réussi à faire siennes les valeurs de son enfance ; il a pu reconnaître que, malgré leur pauvreté matérielle, ses parents lui avaient transmis le sens de l'effort, du courage, une noblesse et une intégrité. Il est aujourd'hui à la fois cet enfant pauvre, démuni et un homme qui a fait ses preuves dans la société. Se réaliser à travers la fonction de médecin correspondait à un désir profond de prendre soin de l'humain et de compenser ainsi l'inhumain que lui et sa famille avaient vécu.

Il a accompli ce parcours pour compenser la honte de ses origines – les enfants allaient à l'école en haillons – mais aussi parce qu'il avait au fond de lui-même un besoin d'épanouissement qui le mettait en paix avec le genre humain. Heureusement pour lui, il a pu reconnaître, peu avant leur mort, tout ce que ses parents lui avaient transmis, aussi démunis qu'ils aient été. Carlos a eu besoin de rassembler les fragments éclatés de sa personnalité, et notamment ce qui le reliait à ses racines, non pas pour atteindre une perfection illusoire, mais pour exister plus pleinement.

Cheminant vers lui-même, il a pu s'arracher de l'empreinte de la « mère originelle », des désirs de sa mère, et des projections idéalisées de ses parents sur lui. Il a pu ainsi prendre de la distance par rapport à son besoin d'accomplir ce que ses ascendants n'avaient pu réaliser, de réparer leurs blessures et de restaurer leur image.

Le processus d'individuation, une dynamique naturelle et collective, permet d'activer l'émergence de ce que Jung a appelé le « Soi » : unité composite qui intègre toutes nos facettes si diverses et opposées soient-elles. Le Soi est donc à la fois la source du processus d'individuation et son but. Même si cet archétype nous permet de cheminer vers une entité autonome et indivisible – dans la mesure où notre personnalité consciente est en lien étroit et vivant avec l'inconscient[1] – il ne faut pas oublier que la rencontre avec le Soi provoque des perturbations profondes.

Le Soi : noyau de notre potentiel

L'être humain ne naît pas comme une « *tabula rasa*[2] », car l'archétype du Soi est présent en tous et nous précède. L'homme appartient de plus à un « phylum familial » et s'inscrit dans une lignée qui laisse son empreinte, depuis des milliers de générations.

Un organisateur psychique : principe d'unité et de totalité

Le concept du Soi, non pas une personnalité secrète mais un organisateur psychique, a été élaboré par Jung à la suite d'une remise en question longue et éprouvante[3]. Au cours d'une crise majeure au milieu de sa vie, à un moment où il avait l'impression de perdre son âme, il a fait l'expérience de ce principe inconscient qui l'obligeait, dans un premier temps à une régression bouleversante. Elle débouchait ensuite, après une longue période tourmentée, sur une maturation psychique singulière. Il a pu constater alors que la conscience seule était loin de pouvoir contrôler notre univers psychique ; à certains moments de notre vie, nous sommes obligés de reconnaître l'existence d'un centre inconscient avec lequel nous devons nous affronter et nous accorder. En effet, c'est le Soi, l'archétype de l'unité, qui inspire et dirige notre croissance.

1. Agnel A., *Jung, La passion de l'autre*, Les essentiels Milan, 2004, p. 53.
2. Humbert E., « La dimension d'aimer », *Cahiers jungiens de psychanalyse*, n° XX, 1994, p. 38.
3. Humbert E., « Le soi et le narcissisme : réflexions préalables », *Cahiers de Psychologie jungienne*, n° 22, 1979, p. 4.

Le Soi, unité originelle, contient notre quintessence, tous nos couples contraires et notre évolution possible. Par ailleurs, le Soi symbolise une première unité à laquelle nous retournons, après avoir investigué, autant que faire se peut, nos multiples facettes. Le Soi englobe ainsi notre univers conscient et inconscient. Il est le centre et la totalité de notre univers psychique, qui dépasse notre personnalité consciente. Le lien avec le Soi donne un sens à l'existence humaine et nous relie au plus intime et au plus universel.

Comme principe directeur inconscient et dynamique de la totalité, le Soi tend à compenser le caractère limitatif du conscient : il nous arrache des identifications auxquelles nous nous sommes arrimés pour nous donner un semblant de stabilité intérieure[1]. Il nous incite ainsi à prendre du recul par rapport à une position narcissique qui nous fige dans une image idéalisée de nous-mêmes. Pour cela, nous devons sacrifier nos illusions de puissance extrême, pour « laisser le Soi œuvrer vers la conjonction des opposés » et y participer activement et consciemment. L'exemple de Carlos témoigne de ce processus.

L'homme, en évolution constante, est conduit par le Soi vers sa totalité : celle-ci correspond à une relation fluide entre le conscient et l'inconscient. Il arrive que nous idéalisions un personnage qui nous semble représenter une forme d'accomplissement « parfait ». On peut, par exemple, beaucoup admirer un philosophe renommé… jusqu'au moment où l'on découvre la misère affective de son

1. Humbert E., « Le concept de l'ombre », *Cahiers de Psychologie jungienne*, n° 3, 1974, p. 28.

couple. Étant donné que le Soi représente la totalité, il contient également le contraire de l'idéal, c'est-à-dire la dimension terrible du mal, qui fait partie de l'éventail des comportements humains. L'action du Soi consiste à mettre en évidence dans un premier temps les pôles opposés qui nous habitent : féminin/masculin, héroïque/impuissant, fort/fragile... pour ensuite tendre vers la conjonction de ces pôles opposés. Cela suppose d'épouser et de contenir, consciemment, les deux pôles. Dans ce processus d'humanisation, nous serons amenés à aller et venir entre plusieurs positions :

- *position de complémentarité* : derrière une apparence fragile se cache une grande force ;
- *position de compensation* : derrière une apparence de supériorité se révèle un complexe social ;
- *position d'opposition* : une femme apparemment puissante peut être habitée par un masculin inconscient inhibé ;
- *position de rapprochement des contraires* : un homme d'une grande sagesse, qui porte un regard serein sur l'existence est en même temps tourmenté par ses angoisses corporelles, et conscient de cette contradiction.

De ce fait, des liens se tisseront entre les archétypes et notre personnalité consciente qui pourra alors dialoguer avec le Soi[1]. Nous avons vu, au fil des pages, un certain nombre de couples d'opposés qui nous constituent. Le Soi est à la fois cette totalité qui contient tous les couples d'opposés et qui nous incite à la différenciation, tout en les tenant ensemble sans négliger l'un ou l'autre pôle.

1. Humbert E., « Le soi et le narcissisme : réflexions préalables », *op. cit.*, p. 7.

Selon Geneviève Guy-Gillet[1], le Soi puise ses ressources dans le narcissisme archaïque : il se nourrit en particulier des sens – sons, odeurs, saveurs et sensations à partir du contact physique avec l'autre – pour aboutir à des images. Il existe donc un lien entre le narcissisme – le juste amour de soi – et le Soi, inscrit dès les premières relations entre la mère et l'enfant. Dans la mesure où le petit d'homme vit, à cette époque, des expériences de bien-être, il aura accès à une énergie qui lui permettra d'être en contact avec sa vitalité et son amour de la vie. Cette qualité sensorielle chargée de l'élan de vie, ranime nos premières expériences de bien-être et d'amour et colore les actes les plus divers.

N'oublions pas que la totalité ou l'entièreté ne correspond pas la perfection mais à une plénitude qui contient tous nos contraires : nos qualités, mais aussi nos zones d'ombres. Tendre vers cette entièreté nous demande un grand effort éthique. Nous savons que notre personnalité consciente et l'inconscient forment un ensemble ; dans la mesure où nous investissons trop fortement une apparence ou une fonction, une image contraire, formée dans l'inconscient, va s'imposer à nous. Ainsi cet homme, très timide et effacé, rêve fréquemment d'être le président de la République.

La présence du Soi peut se manifester par des images dans nos rêves : elles sont représentées par des symboles variés tels que des cercles, ou îles, des carrés, ou des maisons, des plantes, des fleurs, des arbres, des paysages de toutes sortes et des bêtes sauvages et puissantes[2].

1. Guy-Gillet G., » Là où est le Soi », *Cahiers de Psychologie jungienne*, n° 22, 1979, p. 48.
2. Robertson R., *op. cit.*, p. 200.

Dans la mesure où nos désirs, nos valeurs et nos ambitions conscients n'empêchent pas sa mise en œuvre, le travail du Soi se réalisera. Pour cela, nous avons vu que nous devrons reconnaître notre ombre – synonyme de « castration symbolique[1] », nous incitant à renoncer à nos perceptions idéalisées et erronées – ce qui débouche en même temps sur une relation plus vivante entre notre monde conscient et inconscient. Il nous faudra donc intégrer des aspects déplaisants de nous-mêmes et faire le sacrifice de certains comportements. Nous aurons des deuils à faire, mais ces expériences nous enrichiront d'une nouvelle connaissance de notre identité complexe, faite de nos opposés et de notre altérité. En prenant en compte l'autre, l'antagoniste extérieur et intérieur[2], nous pourrons nous dégager de nos positions imaginaires et tendre vers une réalité plus complète.

Faire corps avec notre fragilité

David vit une situation douloureuse. Sa mère qui a été active et autonome pendant toute sa vie a été, soudainement, terrassée par une maladie grave qui la rend de plus en plus dépendante. Son équilibre physique et psychique en est profondément déstabilisé. Terrorisée, elle a besoin d'être l'objet exclusif de l'attention de son fils et étouffe David de ses revendications.

Un jour, cet analysant rapporte un rêve : il se promène au bord de la mer, portant un bébé dans ses bras. Soudain, une vieille femme surgit avec une attitude menaçante. Le rêveur s'enfuit, protégeant le petit garçon dans ses bras. La femme le rattrape et agresse le bébé violemment. David est indemne, mais le petit est inerte et paraît gravement blessé.

1. Humbert E., *Jung*, *op. cit.*, p. 73.
2. Agnel A., « Le Soi », *Dictionnaire Jung*, *op. cit.*, p. 172.

À travers ce qu'il en dit, nous comprenons que ce n'est pas seulement sa mère qui l'agresse par ses exigences incessantes, mais que c'est aussi une partie de lui-même qui attaque le bébé, image de son devenir potentiel. David s'est toujours présenté fort comme un roc et invincible ; il n'arrive pas à se défaire de son masque « héroïque ». Je ressens ce rêve comme un signal d'alarme, un signe de l'inconscient, qui lui propose de cesser de se croire tout-puissant et de dialoguer avec sa partie vulnérable qui semble en danger actuellement.

Deux semaines plus tard, David a un accident de voiture ; c'est lui qui conduisait. Il a un traumatisme crânien et, au sortir de son coma, il se trouve obligé à présent d'accepter l'aide de son entourage. Cet événement l'oblige à admettre sa fragilité, ce qui lui permet également de comprendre la situation d'impuissance et de dépendance dans laquelle se trouve sa mère.

On peut voir ici comment la poussée du Soi, symbolisé par le bébé, exige de cet homme d'intégrer sa fragilité derrière son image stoïque et immuable. Il lui fallait faire le sacrifice de cette image puissante à l'extrême et s'incliner devant la nécessité d'admettre sa vulnérabilité, pour devenir « entier ». David a dû abdiquer ses désirs de toute-puissance, pour commencer à réconcilier en lui ses opposés. Son corps l'a rappelé à l'ordre et l'a obligé à reconnaître sa vulnérabilité et ses limites.

Lorsqu'il était petit, cet homme n'a pas eu la liberté d'être simplement un enfant, un être par définition vulnérable et fragile. Dès l'âge le plus tendre, il a été obligé d'assumer des responsabilités qui dépassaient de loin ses possibilités. Il lui a fallu prendre en charge de lourdes responsabilités, sans l'aide de personne. D'ailleurs dans toutes ses relations amicales et sociales, c'est lui qui prend en charge les autres, qui porte secours, qui console, sans jamais confier, à son tour, ses propres soucis.

Dans son livre sur Rainer Maria Rilke[1], Lou Andreas-Salomé dit d'ailleurs que « plus les relations sont chères, plus elles correspondent aux images de nos tous premiers élans amoureux qui nous ont appris à aimer… de même que les nuages de l'Est brillent grâce au rayonnement du soleil qui se couche à l'Ouest ».

Accéder à la conscience ne consiste pas seulement à découvrir les mécanismes qui nous fondent et nous piègent à la fois, mais à créer une relation vivante entre l'inconscient et le conscient, pour relancer une dynamique psychique qui nous permette de repartir plus entier. Même si ce passage de notre vie nous invite à tourner le dos à l'inconscience infantile et à ses illusions, nous avons besoin de la vitalité et de la spontanéité de l'enfant jusqu'à la fin. Enrichis d'un changement intérieur à la fois douloureux et fécond, nous gagnons en humilité et en bienveillance envers nous-mêmes et devenons davantage capables d'empathie envers les autres. Relier notre personnalité consciente et inconsciente représente la tâche majeure de cette période ; c'est un gage précieux pour notre avenir.

1. Andreas-Salomé L., *Rainer Maria Rilke*, Maren Sell, 1989, p. 11.

Dialogue intime

- Quels ont été les tournants importants de votre vie ?

....

....

....

....

- Quelles occasions inespérées se sont présentées dans votre vie ?

....

....

....

....

- Que vous reste-t-il à faire et à être aujourd'hui et demain ?

....

....

....

....

- Quelles difficultés intérieures ou extérieures avez-vous rencontré qui vous ont empêché de poursuivre un objectif ?

....

....

....

....

- Quelles difficultés relationnelles avez-vous rencontrées ?

....

....

....

....

- Connaissez-vous vos forces et vos talents ?

....

....

....

....

- Quelles sont vos fragilités ?

....

....

....

....

- Quel rêve vous reste-t-il à réaliser ?

....

....

....

....

• Si vous pouviez recommencer : quels choix de vie feriez-vous aujourd'hui ?

....

....

....

....

• Quelles découvertes avez-vous faites récemment sur vous-même et les autres ?

....

....

....

....

• Dans quelles situations vous sentez-vous libre d'être vous-même ?

....

....

....

....

• Aimez-vous la vie que vous menez ?

....

....

....

....

Conclusion

« La vie de chaque homme est un chemin vers soi-même, l'essai d'un chemin, l'esquisse d'un sentier. Personne n'est jamais parvenu à être entièrement lui-même ; chacun, cependant, tend à le devenir, l'un dans l'obscurité, l'autre dans plus de lumière, chacun comme il peut. »

Hermann Hesse

Parallèlement à de graves problèmes, notre époque nous offre un immense privilège : la possibilité pour beaucoup d'hommes et de femmes de bien vieillir... une donnée nouvelle dans l'histoire de l'humanité ! Cette augmentation d'espérance de vie nous laisse le temps d'approfondir des questions importantes en notre milieu de vie.

Nous comprenons ainsi l'intérêt contemporain pour la fuite du temps, l'instabilité et la précarité de la vie : les ouvrages et les expositions actuels sur les « vanités » en témoignent. Ils posent la question de savoir ce qui est vanité et ce qui est essentiel face à la mort.

Que reste-t-il d'essentiel ? D'accomplir notre vie et pour commencer de nous accomplir nous-mêmes, de tendre le plus possible vers notre « entièreté ».

Car si l'augmentation de notre espérance de vie ne nous permet pas d'éluder notre angoisse face à la mort, elle nous autorise à ce qui a été, plus ou moins, refusé à nos ascendants : bénéficier d'un temps pour approfondir ce que l'on porte en soi et qui n'a pu encore s'épanouir. L'occasion nous est donnée de dépasser les injonctions extérieures – familiales et sociales – pour accéder à nos propres ressources, projets et choix de vie. Une durée de vie plus longue nous offre l'opportunité de nous découvrir, de nous tourner vers un potentiel que nous n'avons pas encore pu reconnaître ou développer. En ce sens, le midi de notre vie n'est pas uniquement un moment de crise, mais aussi une chance à saisir.

Récapitulons

Nous élaborons, pendant la première partie de notre vie les capacités nécessaires pour nous adapter à la réalité sociale extérieure et aux exigences de notre environnement. Notre personnalité se construit autour du travail, des relations avec les autres, des responsabilités professionnelles et familiales. Dans la seconde partie de notre existence, un processus de maturation psychique, une connaissance de soi par la découverte de facettes inconnues, nous guide vers notre réalité intérieure. Nous rassemblons et intégrons alors des fragments de notre être ; nous sommes ainsi enclins à devenir non pas « parfaits » mais plus entiers. Donner un sens à notre vie devient essentiel, même si nous savons que le champ des possibles est certes grand, mais pas illimité.

Si nous sommes, la plupart du temps, plus ou moins maîtres de notre monde conscient, capables de faire la synthèse des informations qui viennent de notre environnement, de notre corps, de nos pensées, de nos sentiments, de nos intérêts, de nos objectifs et des moyens de les réaliser, nous sommes en même temps structurés, dans l'inconscient, par notre histoire personnelle et le patrimoine familial qui nous a été transmis.

Nous sommes, de plus, profondément marqués par l'empreinte de l'histoire collective de l'humanité ; elle nous permet de nous inscrire dans l'aventure humaine. Devenir un être humain à part entière passe, d'une manière incontournable, par la différenciation progressive d'avec les divers archétypes contenus dans cette histoire collective.

Un processus de croissance, que Jung a appelé « processus d'individuation », accompagne et sous-tend la mutation qui se met en place et qui peut nous conduire, autant que faire se peut, à notre réalisation. Cela se fera à condition que ce processus devienne conscient, à l'occasion d'événements, de relations parfois conflictuelles avec les autres – qu'ils soient du même sexe ou du sexe opposé – et d'images émergeant de l'inconscient *via* des rêves qui nous apportent des informations complémentaires sur la manière dont nous nous percevons nous-mêmes et dont nous percevons autrui. L'intégration de ces facettes restées inconscientes et étrangères, et donc souvent projetées sur les autres, sera indispensable pour devenir plus « entiers ».

Cette rencontre, ce croisement entre notre monde conscient et inconscient est difficile, exigeant de l'énergie, du courage et une éthique importante : elle conduira à nous arracher au familier et au confortable en nous. Ce moment particulier du milieu de vie nous incitera à affronter nos contradictions, à laisser sur le bord du chemin nos convictions figées, nos certitudes passées qui feront place au doute et à l'évidence de la complexité de l'existence. Chaque obstacle sur notre chemin est l'occasion d'une conscience plus vaste et nous arrache à l'inconscience infantile. Notre conscient « morcelé » aura ainsi l'opportunité de se raccorder à notre centre inconscient, et de tendre vers une « totalité ».

Parallèlement, un processus de séparation se réalise en sourdine et nous aide à mûrir : il devient de plus en plus évident que notre vie est en train de nous échapper. Nous ne pouvons plus nier l'évidence que nous sommes mortels. Notre passé s'éloigne, perdu à tout jamais, notre vie est envahie d'incertitudes de plus en plus angoissantes et semble souvent vide de promesses heureuses. Pour certains, l'angoisse de la mort qui s'approche est une incitation de plus à se perdre dans diverses illusions ; pour ceux-là, le midi de la vie est un passage sombre. Ils restent seuls face à leur terreur et leurs illusions périmées qui se détachent d'eux comme des feuilles au gré du vent d'automne. Il n'est pas surprenant d'ailleurs que des accidents, des maladies ou des morts prématurées surviennent à cette période.

Au midi de notre vie, nous nous trouvons ainsi face à notre solitude existentielle, souvent sans père et mère, sans enfants à charge, seuls avec la conscience que nous avons de nous-mêmes. Nous avons alors à apprivoiser l'angoisse de la solitude et de la mort.

Un nouveau départ ?

Lou Andreas-Salomé souligne un double mouvement qui nous anime tout au long de notre vie : *« Nous sommes tous comme une plante enracinée dans la terre ; il y a en même temps une énergie qui fait que nous avons envie de rester incorporés dans cette origine et une pulsion qui fait que cette plante pousse le plus loin possible, d'une manière évidente et irrépressible, vers la lumière*[1]. »

Notre vie reflète cette contradiction ; chacun de nous tente d'harmoniser ces deux forces contraires selon ses possibilités. Un double processus est à l'œuvre : nous sommes à la fois attirés vers le « tout », le puissant archétype maternel originel, et en même temps poussés par notre centre inconscient, le Soi, à nous en extraire afin de devenir davantage nous-mêmes, seuls et entiers.

Un nouveau départ est maintenant à prendre ; cette fois ce n'est plus notre image sociale qui nous y engage mais le plus profond de notre être. La vie nous a bien éprouvés déjà, mais nous a aussi donné l'occasion de rebondir et de nous « muscler », après avoir été « a-terrés » par des chocs et des traumatismes divers.

La traversée du milieu de vie nous confère une responsabilité nouvelle envers nous-mêmes et les autres ; en anglais : « *respons-ability* » signifie avoir la capacité de répondre. Nous aurons ainsi à faire face à notre dimension dépressive, à dialoguer avec nos complexes, à retirer nos projections sur les personnes du même sexe et du sexe opposé. Car c'est par une conscience élargie que nous réussirons à repousser les limites de notre personnalité ; il est bien connu qu'une tâche difficile nous oblige à nous dépasser.

Ce processus de transformation nous donne également accès à une énergie créative, à de nouvelles potentialités et richesses. Nous avons

1. Andreas-Salomé L., *L'amour du narcissisme*, Éditions Gallimard, 1980.

ainsi l'opportunité de faire fructifier nos talents et compétences à travers la parole, l'écriture, la peinture, la danse ou la musique… nous profiterons d'un regain d'énergie et de vitalité, dont nous ferons également bénéficier les autres. De plus, nos besoins relationnels changent : alors que nos relations étaient le plus souvent déterminées par le jeu et l'enjeu social, elles sont aujourd'hui gouvernées par le plaisir intrinsèque de liens qui nous comblent en dehors de ce que nous pourrions en obtenir.

Certes, nous aurons, à certains moments, l'impression de perdre pied et de nous être égarés dans un *no man's land*. Notre identité se trouvera alors suspendue entre deux mondes, car nous ne sommes plus ce que nous étions, mais nous ne sommes pas encore ce que nous pouvons devenir.

Accéder à la liberté confiante d'être soi-même, se libérer de nos revendications, de nos souffrances infantiles sans cesse ressassées, de nos projections sur les autres, tel est notre travail en ce milieu de vie. C'est grave, difficile, mais nous sortirons enrichis de ces confrontations. Le milieu de vie est une période dense et complexe, semée de difficultés, de risques, de sacrifices ; toutefois elle comporte aussi la promesse d'une humanisation et d'être vivant jusqu'à notre dernier souffle.

Nous nous sentons évidemment perplexes et fragiles devant l'importance de cette tâche, mais chacun a la possibilité de cheminer vers cette unité composite à sa mesure, le mieux possible, pas à pas. Affronter et accueillir nos facettes inconscientes est une œuvre immense, infinie qui prend toute une vie ; elle passe avant tout par une relation sincère, lucide et authentique avec l'autre, quel qu'il soit, à l'extérieur comme en soi. Nous aurons par là accès à notre devenir, réconciliés avec nous-mêmes et en lien avec les autres.

Tout au long de cet ouvrage, j'ai été habitée par une phrase poignante de Jung, exprimée à l'apogée de sa maturité : « *La vie est sens et non-sens, ou elle possède sens et non-sens. J'ai l'espoir anxieux que le sens l'emportera et gagnera la bataille*[1]. »

1. Jung C.G., *Ma vie. Souvenirs, rêves et pensées*, Gallimard, 1967.

Bibliographie

A. Agnel,

« Introduction phénoménologique à la théorie jungienne des complexes », *Cahiers jungiens de psychanalyse*, n° 60, 1989.

(dir.) Agnel A., *Dictionnaire Jung*, Ellipses, 2008.

Jung : la Passion de l'Autre, Les Essentiels Milan, 2004.

« La défaillance paternelle et sa compensation chez Freud et Jung », *Cahiers jungiens*, n° 69, 1991.

« Individuation », *Dictionnaire Jung*, (dir.) A. Agnel, Ellipses, 2008.

Le vocabulaire de Carl Gustav Jung, Ellipses, 2005.

B. Allain-Dupré, « Violence archétypique et fin d'analyse », *Cahiers jungiens de psychanalyse*, n° 123, 2007.

L. Andreas-Salomé,

Rainer Maria Rilke, Maren Sell, 1989.

L'amour du narcissisme, Éditions Gallimard, 1980.

A. Ancelin-Schützenberger, *Aïe, mes aïeux !*, Desclée de Brouwer, 1998.

B. Brusset, « Le lien fraternel et la psychanalyse », *Psychanalyse à l'Université*, Tome 12 – Nr. 45, 1987.

M. CASENAVE, « Énantiodromie », *Dictionnaire Jung*, (dir.) A. Agnel, Ellipses, 2008.

F. CHENG, *Et le souffle devient signe*, Éditions L'iconoclaste, 2001.

(dir.) J. CHEVALIER, *Dictionnaire des Symboles*, Éditions Robert Laffont, 1969, p. 202.

C. DORLY,

« Les territoires du rêve », *in Colloque : Jung et le rêve*, octobre 2008.

« Animus/anima », *Dictionnaire Jung*, (dir.) A. Agnel, Ellipses, 2008.

« La dérangeante diversité des registres de l'ombre », *Cahiers jungiens de psychanalyse*, n° 123, 2007.

« Ombre », *Dictionnaire Jung*, (dir.) A. Agnel, Ellipses, 2008.

I. GAD, « Le couple dans deux contes de fées », *Cahiers de Psychologie analytique*, n° 41, 1984.

Ch. GAILLARD, *Que sais-je*, PUF, 1996.

G. GUY-GILLET,

« Éditorial », *Cahiers jungiens de psychanalyse*, n° 58, 1988.

« Point de vue divers sur les origines du complexe-mère », *Cahiers jungiens de psychanalyse*, n° 60, 1989.

« Là où est le Soi », *Cahiers de Psychologie jungienne*, n° 22, 1979.

A. GRÜN, *L'art de bien vieillir*, Albin Michel, 2008.

H. HESSE, *L'éloge de la vieillesse*, Calmann-Levy, 2000.

J. HILLMAN, « Kronos, Senex et Puer », *Cahiers de Psychologie jungienne*, n° 18, 1978.

E. HUMBERT,

Jung, Éditions Universitaires, 1983.

« Réflexion sur la dépression », *Cahiers de Psychologie jungienne*, n° 8, 1976.
« Le concept de l'ombre », *Cahiers de Psychologie jungienne*, n° 3, 1974.
« La dimension d'aimer », *Cahiers jungiens de psychanalyse*, 1994.
« Le soi et le narcissisme : réflexions préalables », *Cahiers de Psychologie jungienne*, n° 22, 1979.

V. JENNINGS, A. KATSAROS, *The world of Ion of Chios*, Book News, Inc., 2007.

JOHNSON R. A., RUHL J.M., *Living your unlived life*, Tarcher/Penguin, N.Y.C., 2007.

C.G. JUNG,
Aion, Albin Michel, 1976.
L'Âme et le Soi, Albin Michel, 1990.
Psychologie et Éducation, Buchet/Chastel, 1962.
Problèmes de l'âme moderne, Buchet/Chastel, 1996.
Dialectique du moi et de l'inconscient (1928), Gallimard, 1964.
Réponse à Job, Buchet/Chastel, 1964.
Métamorphoses de l'âme et ses symboles, Université Georg et Cie, Genève, 1973.
L'énergétique psychique, Librairie de L'université, Georg et Cie, 1973.
Psychologie et Alchimie, Paris, Buchet/Chastel, 1970.
La guérison psychologique, Librairie de l'Université, 1984.
Commentaires sur le Kundalini Yoga, Cahiers de l'Herne, 1984.
Ma vie. Souvenirs, rêves et pensées, Gallimard, 1967.
Essais sur la symbolique de l'esprit, Albin Michel, 1991.

E. JUNG, *Animus and Anima*, Spring Publications, 1981.

V. KAST, *Der Schatten ist in uns*, D.T.V., 2002.

TSEU LAO, *Tao Te King*, trad. C. Larre, DDB, 1977.

S. LAVITRY, « La notion de complexe », *Cahiers de Psychologie jungienne*, n° 2, 1974.

G. MARQUEZ, *Cent ans de solitude*, Seuil, 1968.

PLATON, *La République, in Œuvres complètes*, GF Flammarion, G. Leroux, Paris, 2002.

J.-B. PONTALIS, *Frère du précédent*, Gallimard, 2006.

M-L. PIERSON, *Renaître après la dépression*, Eyrolles, 2008.

G. ROMEYER DHERBEY, *La parole archaïque*, PUF, Paris 1999.

M. STEIN, *In Midlife*, Spring Publications, 2003.

H. TEBOUL-WIART, « Le complexe-mère », *Cahiers de Psychologie jungienne*, n° 4, 1975.

V. THIBAUDIER,

« Archétype », *Dictionnaire Jung*, (dir.) A. Agnel, Ellipses, 2008.

« Les filles d'Œdipe sont fatiguées », *Cahiers de Psychologie jungienne*, n° 69, 1991.

« La notion de la Grande Mère », *Cahiers jungiens de psychanalyse*, n° 57, 1988.

J. VIELJEUX, « La *Persona* », *Cahiers jungiens de psychanalyse*, n° 58, 1988.

J-P. VERNANT, *Mythe et pensée chez les Grecs*, Maspéro, 1965.

M-L. VON FRANZ, *The problem of the Puer Aeternus*, Inner City Books, 1998.

I. YALOM,

La malédiction du chat hongrois, Éditions Galaade, 2008.

Et Nietzsche a pleuré, Éditions Galaade, 2007.

XIANG, *Dictionnaire Ricci*, idéogramme 4213, Desclée de Brouwer, 1999.

Également dans la collection « Comprendre et agir » :

Juliette Allais,
– *Décrypter ses rêves*
– *Guérir de sa famille*
– *Au cœur des secrets de famille*
– *Amour et sens de nos rencontres*

Juliette Allais, Didier Goutman, *Trouver sa place au travail*

Bénédicte Ann, *Arrêtez de vous saboter, vous êtes exceptionnel*

Dr Martin M. Antony, Dr Richard P. Swinson,
Timide ? Ne laissez plus la peur des autres vous gâcher la vie

Lisbeth von Benedek,
Frères et sœurs pour la vie

Valérie Bergère, *Moi ? Susceptible ? Jamais !*

Marcel Bernier, Marie-Hélène Simard, *La Rupture amoureuse*

Gérard Bonnet, *La Tyrannie du paraître*

Jean-Charles Bouchoux, *Les Pervers narcissiques*

Sophie Cadalen, *Aimer sans mode d'emploi*

Christophe Carré, *La Manipulation au quotidien*

Marie-Joseph Chalvin, *L'Estime de soi*

Cécile Chavel, *Le Pouvoir d'être soi*

Patrick Collignon, *Heureux si je veux !*

Claire-Lucie Cziffra, *Les Relations perverses*

Michèle Declerck, *Le Malade malgré lui*

Flore Delapalme, *Le Sentiment de vide intérieur*

Ann Demarais, Valérie White, *C'est la première impression qui compte*

Marie-Estelle Dupont, *Découvrez vos superpouvoirs chez le psy*

Brigitte Allain Dupré, *Guérir de sa mère*

Sandrine Dury, *Filles de nos mères, mères de nos filles…*

Jean-Michel Fourcade, *Les Personnalités limites*

Micki Fine, *Aime-moi comme je suis*

Laurie Hawkes,
– *La Peur de l'Autre*
– *La Force des introvertis*
Steven C. Hayes, Spencer Smith, *Penser moins pour être heureux*
Jacques Hillion, Ifan Elix, *Passer à l'action*
Mary C. Lamia, Marilyn J. Krieger, *Le Syndrome du sauveur*
Lubomir Lamy,
– *L'amour ne doit rien au hasard*
– *Pourquoi les hommes ne comprennent rien aux femmes…*
Virginie Megglé,
– *Les Séparations douloureuses*
– *Face à l'anorexie*
– *Entre mère et fils*
Bénédicte Nadaud, Karine Zagaroli, *Surmonter ses complexes*
Ron et Pat Potter-Efron, *Que dit votre colère ?*
Patrick-Ange Raoult, *Guérir de ses blessures adolescentes*
Daniel Ravon, *Apprivoiser ses émotions*
Thierry Rousseau, *Communiquer avec un proche Alzheimer*
Alain Samson,
– *La chance tu provoqueras*
– *Développer sa résilience*
Steven Stosny Ph. D., *Les Blessées de l'amour*

Dans la collection « Les chemins de l'inconscient », dirigée par Saverio Tomasella :

Véronique Berger, *Les Dépendances affectives*

Christine Hardy, Laurence Schifrine, Saverio Tomasella, *Habiter son corps*

Barbara Ann Hubert, Saverio Tomasella, *L'Emprise affective*

Martine Mingant, *Vivre pleinement l'instant*

Gilles Pho, Saverio Tomasella, *Vivre en relation*

Catherine Podguszer, Saverio Tomasella, *Personne n'est parfait !*

Saverio Tomasella,

– *Oser s'aimer*
– *Le Sentiment d'abandon*
– *Les Amours impossibles*
– *Hypersensibles*
– *Renaître après un traumatisme*

Dans la collection « Communication consciente », dirigée par Christophe Carré :

Christophe Carré,
– *Obtenir sans punir*
– *L'Automanipulation*
– *Manuel de manipulation à l'usage des gentils*
– *Agir pour ne plus subir*
– *Bienveillant avec soi-même*

Fabien Éon, *J'ai décidé de faire confiance*

Florent Fusier, *L'Art de maîtriser sa vie*

Hervé Magnin, *Face aux gens de mauvaise foi*

Emmanuel Portanéry, Nathalie Dedebant, Jean-Louis Muller, Catherine Tournier, *Transformez votre colère en énergie positive !*

Pierre Raynaud, *Arrêter de se faire des films*

Dans la collection « Histoires de divan » :

Karine Danan, *Je ne sais pas dire non*

Laurie Hawkes, *Une danse borderline*

Dans la collection « Les chemins spirituels » :

Alain Héril, *Le Sourire intérieur*

Lorne Ladner, *Pratique du bouddhisme tibétain*

Composé par Sandrine Rénier

PEFC
10-31-2541
Certifié PEFC
Ce produit est issu de forêts gérées durablement et de sources contrôlées.
pefc-france.org

Achevé d'imprimer par Normandie Roto Impression s.a.s.
sur papier Munken Print 80g
N° d'imprimeur : 1503891
Dépôt légal : novembre 2015

Imprimé en France